Eine

Strafrechtstheorie.

Von

Max Sternau.

BERLIN.
J. Guttentag, Verlagsbuchhandlung.
1893.

Vorwort.

Als ich, um die Institution der richterlichen Verhängung von Freiheitsstrafen auf bestimmte Dauer gegen vielfache Angriffe zu verteidigen, meine Abhandlung über „Die Abschaffung des Strafmasses“, erschienen in der Zeitschrift für die gesamte Strafrechtswissenschaft Band XIII Seite 17 flg., schrieb und Vorschläge behufs der Erreichung befriedigenderer Ergebnisse der Strafrechtspflege unterbreitete, da konnte ich es mir schon nicht verhehlen, dass ohne gründlichere Würdigung der subjektiven Verschuldung der Angeklagten keine durchgreifende Reform möglich sei.

Im Verfolge meiner Untersuchungen hierüber nahm ich nun wahr, dass es nicht genüge, nur dem Richter Vorschriften über die Würdigung der gedachten Verschuldung bei Zumessung der Strafe innerhalb des gesetzlichen Strafrahmens zu geben. Dass die Aufgabe eine höhere sei, darauf führten mich auch die in der Strafrechtswissenschaft vorherrschenden Anschauungen.

Es wird die Berechtigung des Staates, das Strafrecht in seinem Interesse zu üben, auf die Verschuldung der Angeklagten aber nur insoweit Rücksicht zu nehmen, als es sich mit diesem Interesse vereinbaren lässt, von vielen Juristen, namentlich in der neueren Zeit, geradezu anerkannt. Hierbei wird übersehen, dass allein derjenige strafen kann, welcher eine Macht über den zu Bestrafenden besitzt, dass folglich ein im Interesse des Strafenden geübtes Strafrecht Macht und Recht identifiziert.

Indem ich nun diese Anschauung zu bekämpfen und ein gerechteres Prinzip aufzufinden suchte, gelangte ich zu überraschenden Resultaten: zur Abgrenzung des Macht- und des Rechtsgebietes und zur Auffindung von Gesetzen, wonach der Staat gezwungen ist, auch dem Verbrecher volle Gerechtigkeit widerfahren zu lassen; zur Aufweisung der Pflicht des Staates, die Sträflinge zu bessern; zur Rechtfertigung, den unverbesserlichen Gewohnheitsverbrecher unschädlich zu machen und zur Klarlegung der Befugnisse des Staates gegenüber seinen politischen Widersachern.

Die hiernach gewonnenen Resultate weichen von den Ausführungen aller Strafrechtstheorieen und der sonstigen einschlägigen strafrechtlichen Litteratur so sehr ab, dass ich es mir versagen musste, auf diese, so verdienstvoll sie auch sind, näher einzugehen.

Angesichts der Isolation meiner Theorie mache ich mich auf eine ziemlich heftige Bekämpfung derselben gefasst. Ich möchte aber den Gegnern die Frage vorlegen: Wie anders sonst, als von mir bezeichnet, kann auch dem Verbrecher eine gerechte Beurteilung und dem Schuldlosen die Nichtbestrafung garantiert und überhaupt ein Missbrauch der staatlichen Strafgewalt verhindert werden?

Wie immer diese Theorie beurteilt werden mag, auch sie liefert einen Beitrag zur Lösung der Fragen über Grund und Zweck der Strafe und regt zu weiteren Untersuchungen hierüber an. Hierdurch allein erwirbt sie sich ein Verdienst, denn mit Recht heisst es in Holtzendorff's Handbuch des Gefängniswesens, Bd. I S. 384:

> „Weiss man nicht bestimmt, warum bestraft werden soll, so schwebt auch der Strafvollzug völlig in der Luft. Man kann alsdann auch nicht sagen, wie gestraft werden muss.“

Inhalt.

I. Rache und Strafe.

1. Die individuelle Verschiedenheit der Menschen, wie die Existenzbedingungen, unter welchen sie leben, lassen Konflikte zwischen ihnen unausbleiblich erscheinen.

Die Konflikte können durch gütliche Einigung der Beteiligten wieder gehoben werden; sie können, falls diese Einigung nicht zu erzielen ist oder wenn der Grund des Konfliktes in vorsätzlicher Verletzung des einen durch den andern zu suchen ist, zur Rache führen.

Die Rache ist eine Genugthuung, die sich der Verletzte wegen einer erlittenen Unbill (Uebel) zu verschaffen sucht. Sie besteht darin, dass der Verletzte seinerseits dem Verletzer zur Vergeltung ein Uebel zufügt.

2. Der Rachetrieb ist dem Menschen angeboren.

Das verständnislose Kind übt Rache an Menschen und Tieren, wie an leblosen Gegenständen, von welchen es sich verletzt wähnt. Der Rachetrieb begleitet den Menschen durch das ganze Leben. Er findet sich zu allen Zeiten und bei allen Völkern. Nur die Art der Racheübung ist verschieden gemäss der Bildung und des individuellen Charakters. Es ist Rache, ob wegen einer Beleidigung der Wilde zur Streitaxt greift, der Civilisierte zum Zweikampf herausfordert oder die Strafklage stellt oder Beleidigung mit Beleidigung erwidert oder heimtückisch dem Beleidiger ein Uebel zufügt.

In einem Rechtsstaate ist die Rache nicht beseitigt, sie hat nur teilweise andere Formen angenommen. Fast alle

Anzeigen strafbarer Handlungen seitens hiezu nicht verpflichteter Personen werden nicht aus Liebe zur Gerechtigkeit, sondern aus Rache erstattet. Viele Civilklagen werden nicht des Rechtsschutzes, sondern der Racheübung halber erhoben. Die Justiz wird als ein Mittel für die letztere gebraucht.

3. Die Rache ist notwendig, insofern sie dazu dient, weiteren Beleidigungen vorzubeugen. Denn jede unvergoltene Beleidigung ermutigt den Beleidiger, im Unrecht fortzufahren. Die fortdauernde Duldung von Beleidigungen oder das Unvermögen, sich wegen derselben zu rächen, erzeugt Gelüste in dem Beleidiger, den Duldenden unter seine Herrschaft und Gewalt zu bringen.

Rache zu üben wegen der erlittenen Unbill steht im freien Ermessen des Verletzten; Rache zu üben, damit keine weiteren Beleidigungen erfolgen, dazu zwingt ihn der Selbsterhaltungstrieb.

Diese Notwendigkeit entfällt, wenn aus dem Benehmen des Beleidigers nach der That auf ein künftiges friedfertiges Verhalten desselben geschlossen werden kann.

4. Da jedoch der Verletzte selten imstande ist, die ihm zugefügte Unbill objektiv zu würdigen und eine massvolle vergeltende Rache zu üben, auch der Verletzer, vom unrechten Willen beseelt, eine massvolle Vergeltung nicht immer über sich ergehen lassen wird, so besitzt die Rache die Eigenschaft, weiteren Streit hervorzurufen.

Da ferner die zusammenlebenden Menschen in Gruppen von durch die Bande des Blutes oder der blossen Freundschaft enger verbundenen Menschen zerfallen, welche Gruppen die einem ihrer Angehörigen geschehene Unbill als eine ihnen selbst zugefügte betrachten, so entwickelt sich der Streit häufig zu förmlichen Familien- und Geschlechterfehden, spinnt sich endlos fort und erzeugt Uebel nicht nur für die Streitenden selbst, sondern auch für das Gemeinwesen, dessen Frieden er zerstört.

5. Das menschliche Zusammenleben erheischt daher eine Beschränkung der Selbstrache.

Diese Beschränkung kann nur von einem Willen verordnet und durchgesetzt werden, welcher Macht über den Verletzten und den Verletzer hat, da ausserdem der erstere sich an das Verbot der Selbstrache in all' jenen Fällen nicht kehren würde, wo er durch eigenes Handeln sich eine bessere oder eine schnellere Genugthuung zu verschaffen meint, der letztere aber die von diesem Willen festgesetzte Vergeltung nicht über sich ergehen lassen würde.

Dieser Wille muss demnach eine Autorität für die streitenden Teile sein. Jede Autorität hat das natürliche Streben, sich zu festigen und gegen alles, was ihr Ansehen zu mindern vermöchte, anzukämpfen.

Indem eine Macht zu dem Verletzten sagt: „Du sollst dich nicht selbst rächen, sondern mir die Rache überlassen", und zum Verletzer: „Du sollst die Vergeltung über dich ergehen lassen, die ich deiner That für angemessen erachte", wird sie sich selbst verletzt, sich missachtet fühlen, wenn der eine oder der andere Teil diesem Gebote nicht nachkommt.

Die Macht wird nicht nur, um dem anderen streitenden Teil gerecht zu werden, sondern zur Aufrechterhaltung ihres eigenen Ansehens die Nichtbefolgung ihrer Gebote ahnden.

6. So leitet die Rache teilweise in die Strafe über.

Der Unabhängige kann seine Handlungsweise als Unrecht und die an ihm geübte Rache als Strafe ansehen. Da er jedoch unabhängig von einem fremden Willen nach eigenem Gutdünken befindet, ob er die Rache als Strafe oder als das, was sie ist, betrachten (und Reaktion hiergegen üben) wolle, so kann die Rache nie als Strafe gelten.

Nur weil der einer Macht Unterworfene erkennt, dass er dieser Macht Gehorsam schuldig sei, erscheint die Gehorsamsverweigerung als Verletzung einer Pflicht und demnach als ein zweifelloses Unrecht, welches als solches bestraft werden kann.

Sonach verleiht die Macht ein Strafrecht.*)

*) Es ist die von der Geschlechtsgenossenschaft geübte Blutrache gegen den Verletzten oder dessen Sippe keine Strafe, sondern die Rache einer verbundenen Mehrzahl von Personen, denn es rächt

7. Die Macht, welche sich zu befestigen strebt, kann sich mit der vorgedachten Beschränkung der Selbstrache nicht begnügen.

Will sie in ihrem Gebiete die Ruhe und Ordnung aufrecht erhalten, die zu ihrer Existenz notwendig sind, so wird sie selbständig da einschreiten, wo durch die Uebelthat zugleich das Gemeinwesen gefährdet wird.

Je mächtiger sich ein Gemein- oder Staatswesen entfaltet, umsomehr wird die Racheübung desselben namens des Verletzten zurücktreten hinter die Strafe.

Die Rache wird mehr und mehr in die Strafe übergeleitet.

8. Die Strafe setzt ein Herrschaftsverhältnis desjenigen, der sie vollzieht, über den, an welchem sie vollzogen wird, voraus; die Rache nicht. Dieses Verhältnis ist faktische Macht.

Beweise:

Das elterliche Strafrecht ist das älteste. Der Staat kann es beschränken, aber nicht aufheben, er müsste denn die elterliche Gewalt beseitigen, die Kindererziehung in seine Hand nehmen.

Das Mittelalter liefert unzählige Beweise, dass mit dem Sinken oder Steigen der Staatsgewalt das staatliche Strafrecht kraftlos oder mächtig wurde. Das Fehdewesen, wie die westfälische Feme entfalteten sich trotz des staatlichen Strafrechts, weil die Staatsgewalt ohnmächtig war.

Das Unvermögen einer Macht, Rache namens des Verletzten zu üben oder Strafe zu verhängen, führt notgedrungen dahin, dass nun der Verletzte selbst wieder die Rache vollzieht oder sich um Hilfe an eine, wenn auch rechtlich nicht anerkannte, doch faktisch bestehende Macht wendet, indessen der Gehorsam gegen die gesetzliche Macht, weil von dieser nicht erzwingbar, mehr und mehr schwindet (vergl. A. Merkel, Kriminalistische Abhandlungen, Bd. I S. 110).

---

sich nicht nur der Einzelne, sondern auch das Gemeinwesen, der Staat (Krieg). Dagegen ist Strafe die von gedachter Genossenschaft vollzogene Ausstossung (Friedloslegung) eines ihrer Mitglieder.

Die Lynchjustiz in gewissen Landstrichen der Vereinigten Staaten Nordamerikas weist darauf hin, dass dort die staatliche Macht sich noch wenig befestigt hat.

Ein Usurpator übt das Strafrecht aus, wenn er das Volk seinem Willen unterworfen hat, mag seine Regierung auch von den anderen Staaten nicht anerkannt werden, der rechtmässige Herrscher auf sein Thronrecht nicht verzichten. Letzterem fehlt die faktische Macht und damit das Strafrecht.

So kann trotz der rechtmässigen Regierung die revolutionäre Regierung, wie die fremde Kriegsmacht in den Gebietsteilen Strafen verhängen, wo ihre Macht die der rechtmässigen Regierung verdrängt hat.

Jede Macht, die sich ausdehnen will, wird vor allem ihr Strafrecht mehren. Je mächtiger die Kirche im Mittelalter wurde, um so mehr erweiterte sich der Kreis der ihrer Jurisdiktion unterworfenen Personen und Delikte. Als der Staat diesen Kreis enger zog, hatte sich das Verhältnis seiner Macht zu der der Kirche zu seinen Gunsten verändert.

Die Beschränkung des Strafrechtes seitens eines Mächtigeren bedeutet eo ipso eine Schmälerung der Macht.

9. Die Gewalten können sich über- und unterordnen. Die höhere Gewalt kann das Strafrecht der untergeordneten beschränken.

Die Machtverhältnisse sind mannigfach: die Macht des Staates über seine Unterthanen; der Regierung, der Kreise, der korporativen Verbände etc. über ihre Beamten; der Kirche, der Vereine etc. über ihre Angehörigen; der Lehrer über ihre Schüler; der Lehrherren über ihre Lehrlinge; der Eltern über ihre Kinder u. s. w.

Die höchste Autorität ist regelmässig im Besitze des Staates.

10. Gleich der Rache wird die Strafe verhängt nicht nur wegen des bewiesenen Ungehorsams, sondern auch, um weiteren Ungehorsam zu verhüten. Denn wie die Duldung von Beleidigungen den Beleidiger ermutigt, im Unrecht gegenüber dem Verletzten fortzufahren, so würde sie ihn auch

ermutigen, im Ungehorsam gegen die Macht fernerhin zu beharren.

11. Das Resultat vorstehender Ausführungen über die Notwendigkeit der Rache und Strafe lässt sich dahin zusammenfassen:

Die $\frac{\text{Rache}}{\text{Strafe}}$ wird $\frac{\text{geübt}}{\text{verhängt}}$ nicht nur wegen der vorausgegangenen Beleidigung, sondern auch behufs Fernhaltung weiterer Beleidigungen. Denn jede unvergoltene Beleidigung ermutigt den Beleidiger, im Unrecht fortzufahren. Sofern eine höhere Autorität nicht dazwischen tritt, führt die fortdauernde Duldung von Beleidigungen oder das Unvermögen, $\frac{\text{sich zu rächen}}{\text{zu strafen}}$, zur Erwerbung einer Macht und folglich eines Strafrechtes des Beleidigers über den Beleidigten und bezw. zur Auflösung der bestehenden Macht. Die stets unterlassene oder unausführbare $\frac{\text{Rache erzeugt}}{\text{Bestrafung endigt}}$ Macht und Strafrecht.

12. Hingegen bildet das Bewusstsein, dass jede Beleidigung gerächt und beziehungsweise bestraft werden wird, ein gewichtiges Motiv für den zu Excessen Geneigten, von solchen abzustehen.

Sind nun sowohl Rache wie Strafe notwendig, so gehen doch beide in ihren Endzielen auseinander. Die Rache bezweckt nur die Sicherung der individuellen Rechte, nicht aber kann sie die Ruhe und Ordnung im Gemeinwesen herbeiführen, es nicht verhindern, dass der Krieg aller gegen alle entbrenne. Dagegen bildet die Sicherung des Gemeinwesens die vornehmste Aufgabe der Strafe.

13. Die Frage im einzelnen Falle, ob Strafe oder Rache vorliegt, ist oft schwer zu lösen. So wenn die Gewalt um ihre Existenz noch ringt oder im Absterben begriffen ist (letzteres namentlich von der schwindenden Gewalt der Eltern gegen ihre herangewachsenen, selbständig werdenden Kinder). Wenn Grotius empfiehlt, da nicht zur Strafe zu greifen, wo

eine bedenkliche Machtstellung der Verbrecher in Erwägung zu ziehen sei, so hatte er die unvollkommenen staatlichen Zustände seiner Zeit im Auge. Es kann nur eine Machtstellung des Verbrechers bedenklich sein, die so kräftig ist, um der Autorität des Staates widerstehen zu können. In einem solchen Falle ist nun die Vergeltung, welche gegen den Missethäter geübt wird, keine Strafe, sondern eine in der Form der Kriegführung vollzogene Rache.

14. Auf die Intensität des Rachegefühls ist die Zeit von Einfluss. Der Unmut über die erlittene Unbill nimmt nach und nach ab und erlischt endlich ganz. Der Verletzte wird daher geringere Vergeltung üben oder die Rache gänzlich unterlassen, wenn er erst geraume Zeit nach erlittener Unbill Gelegenheit zur Racheübung findet.

Anders verhält es sich jedoch, wenn der Beleidiger dem Verletzten eine neue Unbill zufügt. Der Unmut über diese wird gesteigert durch das wieder lebendig gewordene Gefühl des bereits früher erlittenen Unrechts und der Verletzte sucht nun beide Beleidigungen zu rächen.

Von gleichem Gefühle ist der Strafberechtigte beseelt.

15. Die Anschauungen der Menschen sind wandelbar. Dieser Wechsel übt den Einfluss, dass derjenige, welcher eine Handlung zur Zeit ihrer Vornahme als Eingriff, beziehungsweise groben Eingriff in seine Machtsphäre betrachtet hat, später aber zu einer milderen Auffassung des Geschehenen gelangte, die Rache mässigen, beziehungsweise unterlassen wird.

Auch die Anschauungen der Strafberechtigten über das Unrechte der Handlungsweise ihrer Untergebenen sind dem Wandel unterworfen.

16. Erst nach Bildung eines Staates werden die Lebensinteressen der ihm unterworfenen Personen zu rechtlich geschützten Interessen. Deren Machtsphäre verwandelt sich in eine Rechtssphäre.

Obwohl hiernach der Staat kraft seiner Gewalt Rechte schafft, so ist deshalb die Strafe, welche zum Schutze dieser Rechte angedroht oder verhängt wird, noch keine Rechtsstrafe.

Das Wort Strafe setzt eine Schuld voraus; wer gestraft wird, muss vorher etwas verbrochen, d. h. in schuldhafter Weise etwas begangen haben, das er nicht hätte begehen sollen.

17. Der Machthabende kann dem Untergebenen Uebel zufügen, ohne dass dieser etwas verschuldet hat oder weil er etwas verschuldete.

Ersterenfalls konnte das Uebel zugefügt werden im Interesse des Gemeinwesens oder im persönlichen Interesse des Gewalthabers oder ohne jedes Interesse. Geschieht es im Interesse des Gemeinwesens, so muss der leidende Teil als Glied des Ganzen ein Opfer für dieses bringen. Geschieht es im persönlichen Interesse des Gewalthabers, so fügt dieser dem Untergebenen ein Unrecht zu. Geschieht es endlich ohne jedes Interesse, so kann nur Laune oder Hass, die Freude am Leiden anderer, Unvernunft u. dergl. das Motiv für den Gewalthaber sein. Die Uebel werden zugefügt, um zu quälen, zu peinigen. Auch dieses ist selbstverständlich ein Unrecht.

In allen diesen Fällen kann von einer Strafe keine Rede sein.

Fügt hingegen der Machthabende dem Untergebenen Uebel zu, weil dieser etwas verschuldete, so ist diese Verhängung von Uebeln eine Strafe. Aber nicht, weil der Untergebene etwas verschuldet hat, kann nun auch der Machthaber berechtigt sein, jedes beliebige Uebel, auch das schwerste, über ihn zu verhängen. Wohl aber kann er dies thun, weil er die Macht besitzt und soweit seine Macht reicht. Insofern sich der Strafberechtigte in Bezug auf die Strafgrösse nur an die ihm durch seine Macht gezogenen Schranken bindet, ist die Strafe keine Rechtsstrafe, sondern eine willkürliche Strafe.

II. Die Rechtsstrafe.

18. Als Machthabenden steht es lediglich in der Willkür des Strafberechtigten, welche Strafe er wegen einer schuldhaften Handlung verhängen will.

Diese lediglich nach dem Ermessen des Machthabers verhängte Strafe ist eine rein willkürliche Strafe, die hier der Kürze wegen Machtstrafe genannt werden soll, obgleich diese Bezeichnung deshalb wenig korrekt ist, weil auch die Rechtsstrafe aus der Machtbefugnis des Strafenden entspringt.

19. Setzt die Strafe eine Schuld voraus (s. Ziff. 16), so gelangt der Machthabende zur Rechtsstrafe nur dann, wenn er die Strafe nicht höher bemisst, als es nach dem Verschulden des zu Bestrafenden gerechtfertigt ist.

Insbesondere ist eine schwerere Bestrafung in Rücksicht auf seine (des Strafberechtigten) eigene Interessen ausgeschlossen.

Die Rechtsstrafe lässt auch keine solche Berücksichtigung neben dem Interesse des zu Bestrafenden, welches darauf geht, nicht strenger bestraft zu werden, als er es verdient hat, zu.

Die beiderseitigen Interessen widerstreben einer Verbindung. Decken sie sich ohnehin, so bedarf es keiner Verbindung; decken sie sich nicht, so geschieht dem Bestraften Unrecht.

So wird zur Zeit einer Hungersnot das Interesse des Staates sehr schwere Strafen fordern, um den überhandnehmenden Eigentumsverbrechen zu steuern, das Verschulden der Thäter nur gelinde Strafe verdienen; so wird, wenn die Begehung eines gewissen Delikts in einem Bezirke Sitte geworden ist, die Machtstrafe zum Exempelstatuieren greifen, die Rechtsstrafe unter dem Niveau der gewöhnlichen Strafe bleiben.

Die Machtstrafe ist gestellt auf Erreichung der Zwecke des Strafenden; die Rechtsstrafe auf gerechte Bestrafung gemäss der Verschuldung.

Jede Strafe kann daher prinzipiell nur das Interesse des Strafberechtigten oder das oben bezeichnete Interesse des ihm Unterworfenen, nie und nimmer aber beide Interessen zugleich im Auge haben und verwirklichen.

20. Das Verschulden kann bei der Rechtsstrafe nur ein moralisches sein.

Eine Trennung von Recht und Moral im Strafrechte ist mit der Rechtsstrafe unvereinbar. Eine rechtliche im Gegensatz zur moralischen Verschuldung könnte nur in der Verfehlung gegen Anordnungen bestehen, die der Strafberechtigte als Machthabender erlassen hat. Indem dieser willkürlich verbieten und ebenso willkürlich die Strafe für die Uebertretung seiner Verbote festsetzen kann, steht ihm nichts im Wege, den geringfügigsten Diebstahl mit Todesstrafe zu belegen.*) Da ferner der Unterthan sich zur Entschuldigung seines Ungehorsams auf ethische Motive nicht berufen dürfte, rechtliche Strafbefreiungs- oder Strafmilderungsgründe vielmehr nur diejenigen wären, die der Strafberechtigte als Gesetzgeber zuzulassen sich bewogen fühlt, so kann ein von der Moral abgezweigtes Strafrecht nur Macht-, aber nicht Rechtsstrafe sein.

21. Gleichwie die Rechtsstrafe mit der willkürlichen Strafe

---

*) Hepp bemerkt in der Vorrede zum zweiten Bande seiner „Strafrechts-Systeme“ (S. X):

„Aber freilich der, zuerst durch die Kant-Fichte'sche Rechtslehre begründete, legislativ immer noch fortwuchernde, Gegensatz zwischen dem Recht und der Moral hat den schlimmsten Einfluss auf dem Gebiet des Strafrechts ausgeübt, indem es, wie die Erfahrung bestätigt, von einem aller Sittlichkeit entkleideten Recht nur eines kleinen Schrittes bedarf, um auf das ausschliessliche Gebiet der Politik und damit zu dem Satze: Der Zweck heiligt die Mittel, zu gelangen. Ist aber jener Gegensatz verwerflich, weil widersprechend, so kann das Recht nur einen Teil der Moral bilden.“

keine Vereinigung eingehen kann, so auch nicht die moralische Verschuldung mit der rechtlichen. Die letztere ist ein Blanket, welches der Strafberechtigte nach Gutdünken ausfüllen könnte und das er gebrauchen würde, um einseitig zu bestimmen, welche moralischen Lehren und Grundsätze anerkannt, welche durch Rechtsvorschriften beseitigt seien.

In der Konsequenz führte sie zur Machtstrafe, da der Strafberechtigte allein über den Umfang der rechtlichen Verschuldung und ihre Abgrenzung von der moralischen Verschuldung, wie über den Vorrang der einen vor der anderen in Kollisionsfällen entscheiden würde.

A. Die strafbaren Handlungen.

22. Eine moralische Verschuldung ist gegeben, wenn der Uebelthäter wider die Moral schuldhaft gefehlt hat.

23. Die Frage, ob der Staat befugt sei, jedes Vergehen wider die Moral zu bestrafen, sich also zum Sittenrichter aufzuwerfen, ist zu verbinden mit der weiteren Frage, ob er hiezu auch imstande wäre.

Aus Teil I haben wir ersehen, dass Rache und Strafe dazu dienen, eine Uebelthat zu vergelten und sich vor weiteren Uebelthaten zu schützen und dass die staatliche Strafe noch besonders die Erhaltung der Ruhe und Ordnung bezweckt, also sich gegen Handlungen richtet, die dem Gemeinwesen gefährlich sind.

Hiermit stimmen im wesentlichen alle Theorieen und die Praxis überein, die, von so verschiedenen Gesichtspunkten sie auch ausgehen, mehr oder minder klar fordern, dass der Staat die gemeingefährlichen Handlungen bestrafen solle.

Das Merkmal der Gemeingefährlichkeit tragen nun alle unmoralischen Handlungen, ja die blosse unmoralische Gesinnung an sich. Eine Wanderung durch die Weltgeschichte, ein Blick auf den Niedergang des mächtigen römischen Reichs, ein Blick auf die oft greulichen Zustände im Mittelalter und auf die vor der grossen französischen Revolution herrschenden

Zustände ergeben unwiderleglich, dass nicht durch Mord und Totschlag, Raub und Diebstahl die grössten Staatswesen vernichtet, geschwächt oder völlig umgestaltet wurden, sondern durch innere Fäulnis, durch laxe und verderbliche Sitten.

Die groben Verbrechen, als Mord, Raub, Fälschung etc., erweisen sich einem Staatswesen verhältnismässig weniger gefährlich, weil sie die grosse Masse des Volkes selbst gegen sich haben.

Gemeingefährlich sind unmoralische Handlungen und Gesinnungen immer, da sie, wenn nicht direkt, so doch indirekt das Gemeinwesen schädigen. Denn der Verkehr des moralisch verdorbenen Menschen mit seinen Mitmenschen, insbesondere wenn ihm Familienangehörigen, Untergebenen, Freunden gegenüber eine autoritative Stellung zukommt oder eingeräumt ist, bewirkt eine weitere Verbreitung der unmoralischen Handlungs- und Denkweise, infolge deren häufig die Verführten das Gemeinwesen direkt gefährdende Handlungen begehen.

Wegen dieser Gefährdung des Gemeinwesens, nicht weil der Staat Sittenrichter sein soll, ist er berechtigt, alles Unmoralische zu bestrafen.

24. Besässe der Staat einen Wertmesser, der unfehlbar die moralische Schuld eines jeden Unterthans nach Art und Grösse anzeigte, so würde die so geübte Zensur allein fast hinreichen, den Sittenverfall zu verhüten und die Gefahren für das Gemeinwesen zu mindern.

Der Staat muss sich jedoch mit weit unzuverlässigeren Werkzeugen behelfen

Zunächst entzieht sich die unmoralische Gesinnung verlässiger menschlicher Beobachtung, und wo dieselbe auch kundgegeben wird, sprechen moralische Bedenken selbst gegen ihre Bestrafung, da infolge deren nur eine Gesinnungsheuchelei und ein Sichverbergen der Gesinnung, die schlimmsten Feinde menschlichen Zusammenlebens, erzeugt würden.

Es verbleiben nur die unmoralischen Handlungen, aber auch hier sprechen ähnliche Bedenken, dann politische Erwägungen und Gründe der Zweckmässigkeit gegen die

Bestrafung aller Handlungen. Insbesondere bildet die Unmöglichkeit, nur den kleineren Teil der geringeren Vergehen aufzudecken und das Missverhältnis, welches zwischen dem Zeit- und Kostenaufwand der Feststellung und Bestrafung solcher Vergehen und ihrer sehr geringen Gemeingefährlichkeit besteht, vor allem aber die solchem Vorgehen sich widersetzende Volksanschauung, die hierin einen Eingriff in die Freiheit und eine starke Belästigung erblicken würde, einen Damm gegen die Bestrafung aller unmoralischen Handlungen.

25. Aufgabe der Rechtsstrafe kann daher nicht die Festsetzung dessen sein, was bestraft werden müsse, sondern in Beschränkung der Befugnis des Strafberechtigten, was bestraft und in welchem Grade es bestraft werden dürfe.

Doch fordert die Rechtsstrafe, dass der Staat, indem er eine Handlung der Strafe unterwirft, eine andere, gleich- oder schlimmer geartete und mindestens ebenso gemeingefährliche Handlung nicht unbestraft lasse.

Der Staat wird nach seinem Ermessen da einschreiten, wo Unthätigkeit für ihn nachteilig sein würde. Er wird vornehmlich auch in den Fällen einschreiten, wo durch die Uebelthat jemand persönlich verletzt wurde, diesem eine Genugthuung zu verschaffen ist (vergl. Ziff. 5, 10, 11). Der Staat ist jedoch nicht verpflichtet (Abs. 1), mittels Strafe einzuschreiten. Er kann, wenn die Verletzung eines Unterthans in Frage steht, diesem einen Civilrechtsanspruch gewähren oder Strafe nur auf dessen Antrag verhängen; er kann in allen geeigneten Fällen durch polizeiliches Einschreiten (oder im verwaltungsrechtlichen Verfahren) für die Beseitigung des ordnungswidrigen Zustandes sorgen, beziehungsweise den Wirkungen der gemeingefährlichen Handlungen begegnen.

26. Die Sittenwidrigkeit einer Handlung lässt sich nicht aus einem allgemein giltigen Naturrechte, auch nicht aus einer gemeinsamen Sitte der civilisierten Menschheit heraus bestimmen.

Jedes Volk bildet seine eigenen Sitten, und wenn diese auch mit den Sitten anderer, auf gleicher Stufe der Civilisation stehenden Völker im grossen und ganzen übereinstimmen, so führen doch die besonderen nationalen Einrichtungen, Zustände und Bedürfnisse zu Abweichungen sowohl hinsichtlich des sittlich Erlaubten und nicht Erlaubten, wie insbesondere hinsichtlich der Wertmessung des Unerlaubten.

Soweit die ethischen Urteile eines Volkes mit denen aller anderen Völker übereinstimmen, wird durch die Zugrundelegung der näherliegenden Volksmoral dasselbe erreicht, wie durch die Heranziehung einer allgemeineren menschlichen Moral. Sofern sie aber auseinandergehen, würde durch die Berücksichtigung der letzteren die Handlung eines Volksgenossen einem Urteile unterworfen, das zu der Volksanschauung im Widerspruche stände.

Von einem Volke können daher nur diejenigen Handlungen missbilligt werden, die nach seiner eigenen jeweiligen Anschauung der Moral zuwiderlaufen.

27. Hiernach ist die Frage nach der Strafbarkeit der ausserhalb des Staatsgebietes verübten Handlungen im Inlande zu lösen.

Es ist hierbei zu unterscheiden, ob Staatsangehörige oder Ausländer delinquierten. Die letzteren brauchen die einheimischen Sitten weder zu kennen, noch zu befolgen. Ihre Strafbarkeit im Inlande kann nur dann und nur insoweit gegeben sein, als und insoweit die von ihnen verübte Handlung auch im Lande ihres Wohnsitzes strafbar ist.

Die vom Staatsangehörigen im Auslande begangene Handlung unterliegt derselben Beurteilung, wenn er die einheimischen Sitten nicht kennen gelernt (wie das im Auslande geborne und erzogene Kind des Staatsangehörigen) oder fremdländische Sitten angenommen hat. Andernfalls kann er nach heimischem Rechte abgeurteilt werden.

Die fremdländischen Sitten können sowohl infolge langjähriger Gewohnheit, als infolge Zwangs, sich den Sitten im Lande des Aufenthalts zu fügen, angenommen werden. Von diesem Gesichtspunkte aus werden die Thaten der unter wilden Volksstämmen sich aufhaltenden Staatsangehörigen zu beurteilen sein.

Von der Seite der subjektiven Verschuldung aus betrachtet, ergiebt sich dagegen die Strafbarkeit der vom Ausländer im Inlande begangenen Handlung. Der zur Befriedigung des Wissensdurstes oder der Schaulust der Menge eingeführte Wilde, wie der aus civilisierten oder halbcivilisierten Staaten eingewanderte Ausländer unterliegen den inländischen Gesetzen, aber sie können nur nach Massgabe ihrer subjektiven Verschuldung bestraft werden, so dass unter Umständen der Wilde wegen eines Mordes straflos zu lassen ist,*) der voll oder halb Civilisierte, solange die Landessitten auf ihn noch nicht eingewirkt haben, wegen geringer Uebelthaten freigesprochen oder milder beurteilt werden muss.

28. Da die Gesetze des Staates (wie einer jeden Macht) für die Unterthanen eine sittlich verpflichtende Kraft haben, so zerfallen die strafbaren Handlungen in:

a) an und für sich (nach der jeweiligen Anschauung des ein Staatswesen bildenden Volkes) unmoralische Handlungen (Delikte wider die Moral im engeren Sinne);
b) Handlungen, durch deren Begehung die Moral indirekt nur infolge des Ungehorsams gegen die Verbote des Strafberechtigten verletzt wird (Ungehorsamkeitsdelikte);
c) vom Strafberechtigten verbotene Handlungen, deren Begehung nur in der Vernachlässigung pflichtschuldiger Aufmerksamkeit ihren Grund hat (Unaufmerksamkeitsdelikte).

a) Delikte wider die Moral i. e. S.

29. Durch das Sittengesetz ist es jedermann verboten, eine unmoralische Handlung zu begehen. Der Staat könnte

---

*) Gegen den Wilden können die Strafgesetze nie zur vollen Wirkung gelangen. Nicht durch Strafgesetze kann sich gegen sie geschützt werden, sondern durch polizeiliche Vorkehrungen, wie: Verbot, Wilde einzuführen oder Auflage an den Einführenden zur strengen Ueberwachung und eventuellenfalls zur Wiederentfernung der Wilden.

gleichfalls alle unmoralischen Handlungen unter Strafe verbieten; nur die bereits erwähnten Zweckmässigkeitsgründe zwingen ihn, hiervon Abstand zu nehmen.

Da der Staat demnach nicht das einfache Gesetz aufstellen kann: „jede unmoralische Handlung ist bei Strafe verboten“, so erübrigt ihm nur, die Handlungen, welche er der Strafe unterwerfen will, einzeln aufzuzählen.

Hieraus kann der Unterthan jedoch nicht den Schluss ziehen, dass alle vom Staate mit Strafe nicht bedrohten unmoralischen Handlungen gebilligt oder gestattet seien. Das Gemeinwesen, welches einen solchen Grundsatz aufstellen wollte, würde die Sitte selbst im höchsten Grade verletzen und die Axt an seine Wurzeln legen.

Ist es sonach dem Unterthan nicht gestattet, irgend eine unmoralische Handlung zu begehen, so kann er sich auch nicht darauf berufen, dass er die Strafbarkeit derselben nicht gekannt habe.

Insoweit ist die Lehrmeinung, dass Unkenntnis des Strafgesetzes nicht entschuldige, berechtigt.

30. Die Strafbarkeit einer vom Gesetze verbotenen unmoralischen Handlung als solche wird dadurch bedingt, dass der Thäter diese Eigenschaft der Handlung kannte. Aber auch unter dieser Voraussetzung entfällt die Strafbarkeit, wenn die Handlung aus Motiven begangen worden ist, welche ihr die Eigenschaft des Unsittlichen benehmen.

So können bei der unmoralischsten Handlung, dem Morde, Umstände vorliegen, welche die Bestrafung des Mordes als unmoralischer Handlung ausschliessen, wie z. B. unter Umständen die Tötung des Ehebrechers, der sich zugleich eines schweren Vertrauensbruchs gegen den ihm befreundeten Ehegatten schuldig machte, seitens des letzteren (noch nach der C. C. C. straflos).

Entfällt die Strafbarkeit einer unmoralischen Handlung als solche, so kann ein Ungehorsams- oder Unaufmerksamkeitsdelikt gegeben sein. Falls die Handlung auch hierunter nicht subsumiert zu werden vermag, so hat der Thäter nichts Strafbares begangen.

31. Die Strafbarkeit einer unmoralischen Handlung entfällt nach jeder Richtung hin auch dann, wenn sittliche Pflichten kollidieren und der Thäter die auf die Begehung der verbotenen Handlung hinweisende Pflicht nach gewissenhaftem Ermessen für schwerwiegender erachtete als die andere (z. B. der von einem Angehörigen des Verbrechers diesem geleistete Beistand zur Flucht).

b) Die Ungehorsamkeitsdelikte.

32. Die staatlichen Aufgaben sind so mannigfaltige, dass zu deren Erfüllung der Staat seinen Unterthanen auch Pflichten auferlegt, die sittlich nicht geboten sind.

33. Der Unterthan ist seiner Obrigkeit Gehorsam schuldig. Dies ist sittliche Pflicht.

Als sittliche Pflicht kann die Pflicht des Gehorsams mit anderen sittlichen Pflichten in Widerspruch geraten. Sind die letzteren nach gewissenhaftem Dafürhalten des Thäters schwerwiegender, als die erstere, so ist die Handlung straflos (vergl. Ziff. 31).

34. Die Bestrafung setzt voraus, dass der Thäter von dem Gesetze Kenntnis erlangt hat (s. Ziff. 29 letzter Absatz). Denn da die Handlung an und für sich nicht unmoralisch und als solche dem Thäter erkennbar ist, die Verletzung einer sittlichen Pflicht hiernach nur in dem Ungehorsam gegen das Gesetz besteht, so kann selbstverständlich eine Verschuldung nur bei vorliegender Gesetzeskenntnis gegeben sein.*)

Die Bestrafung kann dessenungeachtet erfolgen, wenn der Thäter entweder bewusst unmoralisch gehandelt hat (Gesetzes-

*) Vergl. die in Ziff. 139k mitgeteilte Entscheidung. Es lässt sich kaum etwas Ungerechteres denken, als einem Menschen zur Strafe die Freiheit monatelang zu entziehen für die Unterlassung einer Handlung, deren Gebotensein ohne seine Schuld nicht zu seiner Kenntnis gelangte. Durch solche Strafen misskreditiert der Staat die Strafrechtspflege.

kenntnis ist dann nicht erforderlich, vergl. Ziff. 29) oder ein Unaufmerksamkeitsdelikt vorliegt.

Beispiel: Es ist eine Viehseuche im Nachbarstaate ausgebrochen, weshalb die Regierung ein Einfuhrverbot erlässt. Dieses Verbot ist dem A und dem B bekannt geworden, dem C, D und E unbekannt geblieben. A führt Vieh ein, von dem er nicht weiss, ob es nicht verseucht sei; B führt Vieh ein, nachdem er sich Gewissheit über dessen Gesundheitszustand verschafft hatte; C führt Vieh ein, welches er als verseucht kennt; D hat von der Viehseuche im Auslande Kunde, trotzdem aber vor Bethätigung seines Entschlusses, gesundes Vieh einzuführen, über deren Erlaubtsein keine verlässige Erkundigung eingezogen; E erhielt weder von der Viehseuche noch vom Verbot der Vieheinfuhr Kenntnis. A und C haben sich eines Verbrechens wider die Moral i. e. S., B eines Ungehorsamkeitsdelikts, D eines Unaufmerksamkeitsdelikts schuldig gemacht. E kann nicht bestraft werden.

c) Die Unaufmerksamkeitsdelikte.

35. Die Pflicht zum Gehorsam begreift auch die Pflicht in sich, zu beachten, wann und in welchem Umfange derselbe gefordert wird. Ohne die letztere Pflicht würde auch die erstere nur unvollkommen erfüllt werden.

Der Staatsbürger, wissend, dass er gegen seine Mitbürger, wie gegen das Gemeinwesen die verschiedenartigsten Obliegenheiten zu erfüllen hat, würde pflichtvergessen handeln, wollte er (vielleicht absichtlich) so unachtsam sein, dass er gegebenenfalls die eingetretene Verpflichtung nicht oder nicht gehörig wahrnehmen könnte.

Der Staatsbürger muss über die ihm obliegenden Pflichten sich vergewissern und im Zweifelsfalle gehörigen Orts Kunde einziehen.

Uebertritt er wegen Versäumung oder Vernachlässigung dieser Pflicht ein staatliches Verbot, also ohne dieses gekannt zu haben, so hat er sich eines Unaufmerksamkeitsdelikts schuldig gemacht, sofern ein Delikt wider die Moral i. e. S. nicht gegeben.

36. Die Pflicht zur Aufmerksamkeit ist jedoch keine unbegrenzte, sie erleidet durch die den Unterthanen obliegenden anderweitigen Pflichten Abbruch.

Als eine der wichtigsten Pflichten erscheint die vom Staate dem einzelnen überlassene Sorge für seine und seiner Familie Existenz.

Je schwieriger und zeitraubender die Erfüllung dieser Pflicht, je geringer die Bildungsstufe und die Auffassungsgabe des Unterthans einerseits, je komplizierter die Lebensverhältnisse und folglich je umfangreicher die Verpflichtungen des einzelnen gegen seine Mitmenschen und den Staat anderseits, um so bedenklicher gestaltet sich die Möglichkeit, die sittliche Pflicht der Aufmerksamkeit gegen staatliche Anordnungen zu erfüllen.

Die Forderung, jeder Unterthan solle die (fast unzähligen) Gesetze kennen, erscheint heute nur mehr als ein absurdes Verlangen.*)

37. Die Bestrafung wegen Unaufmerksamkeit ist ausgeschlossen, wenn der Thäter von der Strafbarkeit der (nicht unmoralischen) Handlung schuldloser Weise keine oder nicht die richtige Kunde erlangt hat.

Sie ist folglich insbesondere in den Fällen ausgeschlossen, wo der Thäter von der kompetenten Behörde unrichtig belehrt worden ist.

Sie ist jedoch dann gegeben, wenn der Thäter, obwohl er nach den vorliegenden Umständen ein Verbot voraussetzen

*) Gleichwohl könnte für ein tieferes Eindringen der Unterthanen in die Gesetze mehr geschehen. Insbesondere wäre es Pflicht des Staates und seiner Organe, diejenigen Gesetze, Polizeianordnungen etc., welche Strafen für an und für sich nicht unmoralische Handlungen androhen, in der geeignetsten Weise (nicht nur durch die vom Volke wenig oder gar nicht gelesenen Gesetz- und Amtsblätter) zur Kenntnis der Beteiligten zu bringen und die Bekanntgabe erforderlichenfalls von Zeit zu Zeit zu wiederholen.

konnte, die Handlung, ohne nähere Erkundigung einzuziehen, vornahm (vergl. das Beispiel Ziff. 34).

So kann vom Handlungsreisenden, der in einem Monate durch Hunderte von Städten und Dörfern fährt oder geht, unmöglich verlangt werden, dass er die sämtlichen für diese Gemeinden geltenden orts- und oberpolizeilichen Vorschriften studiere. Aber vom Reisenden kann verlangt werden, dass er alle diejenigen Handlungen unterlasse, welche von den meisten Polizeibehörden verboten zu sein pflegen, insbesondere aber diejenigen, bezüglich welcher er sich selbst sagen kann, dass sie mit einem geregelten Strassenverkehr oder der Reinlichkeit etc. in den Städten und Dörfern nicht vereinbar seien. Will der Reisende eine solche Handlung gleichwohl vornehmen, so ist es seine Pflicht, sich vorher über deren Zulässigkeit zu informieren.

38. Die Pflicht zur Aufmerksamkeit erstreckt sich ferner darauf, die bekannten Ge- und beziehungsweise Verbote gehörig zu erfüllen, beziehungsweise zu beachten.

B. Die Strafmittel.

39. Die Strafen bestehen in der Zufügung eines Uebels (s. Ziff. 1, 5 flg. u. 17).

40. Dieselben Uebel, welche der Verbrecher verursacht, können auf ihn gewälzt werden. Die Mittel der Strafe und der Rache sind die gleichen. Die Leidenszufügung ist nur insofern beschränkt, als der Tod dem Leiden ein Ende macht.

41. Die Rechtsstrafe verbietet den Gebrauch solcher Strafmittel, welche, statt weitere Uebelthaten fernzuhalten (vergl. I. Teil), solche hervorrufen, und lässt den Gebrauch von Strafmitteln, welche weitere Uebelthaten abzuhalten nicht geeignet sind, hinter den Gebrauch solcher Strafmittel zurücktreten, welche diese Eigenschaft besitzen.

Dasselbe gilt von der Art der Anwendung der zulässigen Strafmittel.

Dagegen bestimmt nicht die Rechtsstrafe, sondern die Stufe der Civilisation, welche ein Volk erreicht hat, die Auswahl der hiernach zulässigen Strafmittel und das Höchstmass des Strafübels.

42. Verletzungen können am Leben, am Körper, an der Freiheit, an der Ehre, am Eigentum erfolgen.

43. Die Wahl eines geeigneten Strafübels im Sinne der Ziff. 41 ist auch aus dem Grunde erforderlich, weil der Verbrecher nur nach Massgabe seiner Schuld bestraft werden darf, diese aber um so geringer ist, je ungeeigneter die vorausgegangene Strafe war, den Bestraften von weiteren Verbrechen abzuhalten.

Aus gleichem Grunde soll die Androhung eines Strafübels ein wirksames Motiv gegen die erstmalige Verübung eines Verbrechens sein.

44. Von dieser Erwägung aus erscheint jedes der einzelnen Uebel, für sich allein angewendet, als Strafmittel unbefriedigend.

Auch das äusserste Uebel, die Lebensstrafe, würde wenig wirkungsvoll sein. Es wäre für ein schweres Verbrechen der Einsatz mit dem Leben, wie ihn auch der Soldat im ehrlichen Kampfe auf das Spiel setzt. Nur wenn sich mit diesem Uebel ein anderes, das an der Ehre, verbindet, die Lebensstrafe eine schimpfliche wird, kann letztere für den Verbrecher mehr bedeuten, als ein frühzeitigeres Sterben.

Ebenso ist es mit der Freiheitsentziehung. Ist sie nur ein physisches Uebel, so wird der verbrecherisch gesinnte Mensch den Gewinn aus einem Verbrechen gegen das Mass des Uebels abschätzen, wobei als ausschlaggebender Faktor die Chance des Nichtüberführtwerdens in Betracht gezogen wird. Je dürftiger die Lebensverhältnisse eines Menschen, um so geringer das physische Uebel der Freiheitsentziehung, um so tiefer die Wagschale für Begehung des Verbrechens.

Der Vermögliche wird lachend die Geldstrafe zahlen, falls sie nichts weiter für ihn ist, als das Abstossen eines winzigen Bruchteils seines Vermögens.

45. Nicht physisches, sondern psychisches Uebel soll das Wesentliche eines jeden Strafmittels sein.

Das Kind verspricht nicht viel, welchem die Prügel nur einen körperlichen Schmerz verursachen, ohne dass es zugleich sich wegen der Strafe schämt. Und die schlimmste Erziehungsmethode der Eltern und Lehrer ist die, Kinder zu strafen, wenn sie es nicht verdienen, oder mit einer Strafe zu belegen, welche nur für schwerere Vergehen angemessen ist. Statt des der Erziehung förderlichen Schamgefühls wird nur allzuleicht das das Fundament der Erziehung zerstörende Gefühl der Erbitterung über erlittenes Unrecht wachgerufen.

Der Erwachsene verspricht keine Besserung, welchem die Strafen nur einen physischen Schmerz (häufig auch nicht einmal diesen), nicht auch einen psychischen verursachen. Der erstere kann entbehrt werden (wie bei der Geldstrafe des Reichen), der zweite nicht. Und die schlimmste Strafmethode des Staates ist die, die Strafen sinnlos anzuwenden, das fruchtbarste Element derselben, den psychischen Schmerz, nicht zu würdigen.

46. Ein psychisches Uebel soll ohne weiteres schon durch die Strafverhängung, als eine von autoritativer Seite ausgegangene Missbilligung, gegeben sein.

Die Voraussetzung hierfür ist, dass Strafe nur bei wirklicher, dem Angeklagten zuzurechnender sittlicher Verschuldung verhängt wird. Wo für die Bestrafung lediglich der oft recht mühevoll und künstlich ausgelegte Inhalt eines Strafparagraphen massgebend ist, ohne Rücksicht darauf, ob auch eine sittliche Verschuldung des Angeklagten vorliegt (vergl. Ziff. 17), da fehlt freilich die Grundlage, um eine Strafe als psychisches Uebel empfinden zu können.

47. Die Geldstrafe wirkt psychisch auf den Bestraften nur im oben angegebenen Sinn.

Hingegen soll die Freiheitsentziehung über diese Wirkung hinaus einen zweiten und noch grösseren psychischen Schmerz verursachen, und zwar durch das Gefühl des Zwangs und der Fessel, das der Verbrecher als freier Mensch empfindet, durch das Bewusstsein, dass seine That die Anwendung des schwereren Strafübels verdient habe und durch den peinigenden Gedanken an das Urteil seiner Mitmenschen.

Beschämen, aber nicht entehren soll ihn die Gefängnisstrafe! (Vergl. meine im Vorwort zitierte Abhandlung.)

Wer Scham empfindet, ist auf dem Wege zur Besserung. Der Entehrte hat nichts mehr zu verlieren, und es ist nur ein Zeichen seiner Schmach, wenn er das Leben und die Freiheit in Unehre höher schätzt als die Ehre.

Da die Entehrung somit kein Mittel ist, den Bestraften von weitern Verbrechen abzuhalten (Ziff. 41, 43), so sollen nur die Todesstrafe und die lebenslängliche Freiheitsstrafe entehrend sein.

48. Aus diesem Grunde können auch selbständige Strafen an der Ehre keine Billigung erfahren. Nur der Verweis als beschämende Strafe ist zuzulassen.

Das Gleiche gilt hinsichtlich der Bestrafung am Körper, die als Prügelstrafe nach heutiger Anschauung für Erwachsene entehrend und als Verstümmelung des Körpers noch überdies zweckwidrig ist, weil das ehrliche Fortkommen des Bestraften hindernd.

49. Als schwerste Strafen sind die Todesstrafe und die lebenslängliche Freiheitsstrafe anzusehen.

Wesentlich anderer Art als die lebenslängliche Freiheitsstrafe ist die zeitige, infolge der Hoffnung auf den Wiedergenuss der Freiheit, der bestimmten Strafdauer und der Gefangenenbehandlung in Rücksicht auf den Wiedereintritt des Bestraften in die bürgerliche Gesellschaft.

50. Die Freiheitsstrafen können mannigfacher Art sein: die Verstrickung, die Verweisung, die Deportation, das Gefängnis.

Die ersteren Strafarten sind selten anwendbar, ihre Nützlichkeit ist eine höchst problematische, ihre Eigenschaft als Rechtsstrafe fragwürdig. Da die Verstrickung nicht mehr gebräuchlich ist, die Verweisung nur als polizeiliche Folge einer Bestrafung eintritt, so erübrigt ein näheres Eingehen auf dieselben.

Die Deportation kann nur in Ländern angewendet werden, die hierzu geeignete Kolonieen besitzen. Sie ist an und für sich als Rechtsstrafe tauglich und unter gewissen Voraussetzungen und Bedingungen auch zweckentsprechend. Wo sie besteht, muss ihr Wert an der Gefängnisstrafe gemessen werden.

51. Die zeitige Gefängnisstrafe kann von sehr kurzer bis sehr langer Dauer verfügt und überdies durch hartes Lager, Dunkelarrest, Kostschmälerung etc. verschärft werden, so dass das Mass des physischen Uebels fast unendlicher Abstufungen fähig ist. Daher eignet sie sich sowohl für die schwereren, wie für die geringeren Verbrechen.

Ohne den Anspruch des Verbrechers auf gerechte Strafe zu vereiteln, dient die Gefängnisstrafe in vorzüglichem Masse dem Interesse des Strafenden. Sie gewährt ihm für die Dauer des Strafvollzugs Schutz vor weiteren Uebelthaten des Verbrechers und die Möglichkeit, auf diesen bessernd einzuwirken. Weiter vermag die Strafe, insbesondere die geschärfte Strafe, die Wirkung zu äussern, den Bestraften von weiteren Verbrechen abzuschrecken.

52. Die Rechtsstrafe heischt, dass der Verbrecher nur gemäss seines Verschuldens bestraft werde. Das Verschulden ist aber um so schwerer, je grösser die Hindernisse waren, die der Verbrecher zu überwinden hatte. Zu den Hindernissen zählt auch die in der Seele des Verbrechers auftauchende Vorstellung über die Folgen seiner That. Je beängstigender diese Vorstellung, um so gewichtiger ist das Motiv gegen die Begehung der That. Je unbekannter in ihrem Wesen oder in ihrer Beschaffenheit die Folgen sind, um so beängstigender die Vorstellung hiervon.

Ein gewichtiges Motiv gegen die Verübung eines Verbrechens soll in dem noch nicht mit Gefängnis Bestraften die Befürchtung, diese Strafe erdulden zu müssen, bilden. Das Motiv wirkt nur abgeschwächt, wenn der zur That Geneigte (wegen eines sittlichen Defekts oder weil der Staat sein Strafmittel selbst herabgewürdigt hat) in der Gefängnisstrafe nur ein physisches Uebel erblickt; es wirkt gar nicht, wenn er (infolge äusserer schlimmer Lage) in der Strafe auch dieses letzeres Uebel nicht mehr zu erkennen vermag.

53. Mit der Verbüssung der ersten und jeder weiteren Gefängnisstrafe ändert sich das Bild. Das wichtigere Motiv, die Scham (s. Ziff. 45—47), verliert an Kraft und versagt endlich ganz. Die Angst vor einer unbekannten Folge der That ist geschwunden.

Je schwächer aber diese Motive werden, um so geringer auch das Verschulden. Die Strafe wird folglich milder und zugleich wirkungsloser. Da dadurch aber das Gemeinwohl im höchsten Grade gefährdet werden würde, so müssen anderweitige Motive gegen die Begehung von Verbrechen in den Sträflingen erweckt werden.

54. Der Vollzug der Freiheitsstrafe kann solche Motive erwecken. Sie heissen Abschreckung und Besserung.

55. Das Motiv der Abschreckung wird erzeugt, wenn der Aufenthalt im Gefängnisse dem Sträfling nicht zusagt.

Die Abschreckung, als deren Mittel insbesondere die Strafschärfungen erscheinen (s. meine Abhandlung über die Abschaffung des Strafmasses Abschnitt VI, woselbst noch weitere Gründe für die Strafschärfungen vorgebracht sind), kann nur physisch wirken.

56. Durch die Besserung soll der vielen Verbrechern anhaftende sittliche Defekt beseitigt werden.

(Uebelthäter, die des moralischen Sinnes gänzlich entbehren und folglich das sittlich Unerlaubte ihrer Handlungen nicht einzusehen vermögen, können nicht bestraft werden; sie sind keine Verbrecher, sondern Unglückliche, die der Staat durch Unterbringung in Versorgungshäusern für das Gemeinwesen ungefährlich zu machen hätte.)

Je grösser dieser sittliche Defekt, um so geringer die Verschuldung; folglich um so geringer die Strafe und zugleich um so wirkungsloser das Strafmittel, weil keinen psychischen Schmerz hervorrufend. Da nun der Staat mit solchen Strafen gegen diese das Gemeinwesen schwer gefährdende Klasse von Verbrechern nicht auskommen könnte, so ist er gezwungen, in seinem eigenen Interesse, nicht im Interesse des Sträflings, wie die Besserungstheorieen behaupten, diesen zu bessern und ihn dadurch in den Stand zu setzen, künftig seine Freiheit so zu gebrauchen, wie es der Staat in seinem Interesse (im Gemeininteresse) für erforderlich erachtet.

57. Das Gefängnis raubt dem Verurteilten nicht nur die Freiheit, sondern zwingt ihn völlig unter die Botmässigkeit des Strafenden.

Wird der Verurteilte zum Zusammenleben mit anderen Verbrechern genötigt, so vermag er sich auf die Dauer gegen den Einfluss der letzteren nicht abwehrend zu verhalten, sei dieser Einfluss auch noch so verderblich.

Wenn Eltern ihr Kind mit bösen Gassenbuben verkehren lassen und der Knabe kommt nun heim und gebraucht unflätige Ausdrücke, so werden sich die Eltern sagen: „Das ist unsere Schuld, warum haben wir unser Kind zu der schlechten Gesellschaft gelassen.“ Sie werden den Knaben nicht strafen, aber ihm verbieten, mit den Gassenbuben ferner zu verkehren.

Wie haben nun die Staaten diese so einfache Lehre, die allen ordentlichen Eltern geläufig ist, für sich in Bezug auf ihre Strafgefangenen verwertet?

Nicht unbeachtet ist zu lassen, dass der an gebildete Ausdrücke gewöhnte Knabe sich von seinen bösen Kameraden zurückziehen konnte, als er diese schlimme Redensarten gebrauchen hörte, indessen dem Gefangenen die Freiheit, sich auf sich selbst zurückzuziehen, benommen ist.

Vom Standpunkte der Rechtsstrafe aus kann der Rückfällige, welcher mit schlimmen Verbrechern in einer Zelle zusammengebracht war, diese Thatsache als strafmindernd geltend machen.

Soll demnach der Rückfällige schwerer bestraft werden können, als der erstmals Angeklagte, so darf die Gefängnisstrafe nicht derart vollzogen werden, dass der Bestrafte schlechter aus der Anstalt herauskommt, als er hineingegangen ist.

Dieser Gedanke führt nun von selbst darauf, den Sträfling statt schlechten guten Einflüssen auszusetzen, mit einem Worte, ihn zu bessern.

58. Des Zusammenhangs wegen ist hier der Fürsorge für den entlassenen Sträfling zu gedenken.

Fassen wir zunächst den Entlassenen ins Auge, der arbeiten und sich ehrlich fortbringen will. Je schwerer ihm dies gemacht wird, je grösser der Widerwille der Gesellschaft gegen seine Wiederzulassung, zum Teil hervorgerufen durch den Staat selbst (Aberkennung der bürgerlichen Ehrenrechte, infamierende Wirkung der Zuchthausstrafe, benachteiligender Vollzug der Polizeiaufsicht), um so geringer wird die Widerstandskraft gegen den Verbrechensrückfall werden, aber auch um so geringer sein Verschulden sein. Findet er aber, aller Bemühungen ungeachtet, keine ehrliche Beschäftigung, so ist er notgedrungen veranlasst, sich auf unehrliche Weise seinen Lebensunterhalt zu verschaffen.

Im Interesse des Strafenden liegt daher die thunlichste Förderung der Bestrebungen des Entlassenen.

Dann der Entlassene, der voraussichtlich wieder in die Bahn des Lasters einlenken wird. Auch ihm ist die gleiche Fürsorge des Staates angedeihen zu lassen, um auf Grund des Nachweises, dass der Rückfällige das ihm gebotene ehrliche Fortkommen verschmähte, seine Verschuldung steigern, ihn auf längere Zeit unschädlich machen zu können.

59. Nach den vorstehenden Darlegungen ist in Bezug auf die Freiheitsentziehung und deren Wirkungen die Verschuldung um so

<table>
<tr><td>grösser</td><td>geringer</td><td></td></tr>
<tr><td>je grösser</td><td>je geringer</td><td></td></tr>
<tr><td colspan="2">die Furcht vor dem physischen Schmerze
das Schamgefühl bei der Vorstellung, Gefängnisstrafe erleiden zu müssen</td><td>vor der Strafe,</td></tr>
<tr><td colspan="2">die physische Empfindlichkeit für das Strafübel,</td><td rowspan="2">während der Strafverbüssung,</td></tr>
<tr><td>je vollkommener die moralische Besserung</td><td>je verderblicher der Verkehr mit Mitgefangenen</td></tr>
<tr><td>je grösser</td><td>je geringer</td><td></td></tr>
<tr><td colspan="2">die Fürsorge für ehrliches Fortkommen
das Wohlwollen der Mitmenschen</td><td>dem entlassenen Sträfling gegenüber ist.</td></tr>
</table>

Das letztere wird herbeigeführt, wenn die Gesellschaft sich überzeugt, dass die Sträflinge in der Anstalt besser werden und Vertrauen verdienen.

Folgen: im ersteren Falle nimmt die Zahl der Rückfälligen ab, und zugleich gestattet die Rechtsstrafe eine längere Unschädlichmachung dieser; im letzteren Falle nimmt die Zahl der Rückfälligen zu und zugleich rechtfertigt die Rechtsstrafe nur eine geringe Bestrafung dieser.

Gleich der Abschreckung geschieht auch die Besserung nur im Interesse des Strafenden (Ziff. 56); dass hierbei auch das Interesse des Sträflings am besten gewahrt wird, ist nur Folge, nicht Grund der Besserung.

60. Es bietet sich nun eine Schwierigkeit dar, indem bei kurzzeitigen Freiheitsstrafen Besserungsversuche mit Erfolg nicht durchgeführt werden können, indessen gerade die mit einem moralischen Defekt behafteten Menschen milder zu bestrafen sind.

Wie jedoch solche Menschen keineswegs Verbrecher werden müssen, so braucht angesichts der ersten Uebelthat auch nicht absolut auf einen Rückfall geschlossen zu werden. Bei schwereren Verbrechen wird ohnehin auch gegen diese Uebelthäter auf eine zur Besserung hinreichende Strafdauer erkannt werden können, wohingegen bei kürzerer Strafdauer durch den Straferust abschreckend gewirkt werden kann. Macht es sich der Strafende noch zur Pflicht, diesen Verbrechern nach verbüsster Strafe eine besondere Fürsorge angedeihen zu lassen, so wird das Verschulden des eine zweite schwere oder halbwegs schwere That begehenden Verbrechers so gross sein, um gegen ihn eine längere, für Besserungsbestrebungen hinreichende Strafe verhängen zu können.

61. Aus dem Interesse des Strafberechtigten, den Sträfling als nützliches Mitglied der Gesellschaft zurückzugeben, ergiebt sich die Beschränkung in der Höchstdauer der zeitigen Freiheitsstrafe.

Diese Dauer darf nicht über den Zeitpunkt hinaus währen, von welchem an die erzeugten Motive der Abschreckung und der Besserung in ihrer Wirkung nachzulassen beginnen. Auch wird dem entlassenen Sträfling das Fortkommen um so schwerer, je mehr er durch langjährige Haft dem wirklichen Leben entfremdet und dem dort herrschenden Kampfe um die Existenz entwöhnt worden ist.

Das hiernach zulässige höchste Zeitmass lässt sich nicht ziffernmässig feststellen, zumal die Art des Strafvollzugs hierauf von Einfluss ist.

Jedenfalls dürfte eine Maximaldauer von 15 Jahren als zu hoch gegriffen erscheinen und ein Zeitraum von 10 Jahren, der überdies durch Strafschärfungen auf etwa 8 Jahre abgekürzt werden könnte (s. meine cit. Abhandlung), genügen. Nicht verkannt dürfte werden, dass derjenige, welcher durch die drohende Eventualität der Verurteilung zu 8jähriger geschärfter Haft sich vom Verbrechen nicht abschrecken lässt, hiervon auch durch die Eventualität einer noch längeren Strafe nicht abgeschreckt werden wird, und dass in dem nach 8jährigem Strafvollzug noch nicht gebesserten und beziehungsweise abgeschreckten Sträfling auch im Laufe eines weiter fortgesetzten Strafvollzugs die erstrebten Motive gegen Rückfall nicht mehr erzeugt werden können.

62. Die Individualität der Menschen und überdies die verschiedenartigsten Einflüsse bewirken, dass keine Strafe jeden Bestraften gleich schwer zu treffen vermag.

Die Rechtsstrafe würde es erheischen, hierauf Rücksicht zu nehmen. Da jedoch die in Frage kommenden Faktoren sich der richterlichen Beurteilung ziemlich entziehen, so kann dieser Rechtsforderung nur innerhalb der dem menschlichen Erkenntnisvermögen gezogenen engen Schranken entsprochen werden.

63. Als Regel dürfte gelten, dass, je höher die soziale Stellung eines Verurteilten ist oder war, um so empfindlicher auch die Freiheitsstrafe wirken wird. Andererseits wird in der Regel bei objektiv gleicher That die subjektive Verschuldung um so grösser sein, je höher diese soziale Stellung ist oder war.

Es wird der Billigkeit entsprechen, auf die härtere Wirkung der Gefängnisstrafe die grössere Verschuldung anzurechnen, so dass der Richter bei der Urteilsfällung die soziale Stellung des Angeklagten an und für sich ausser Acht lassen könnte. (Es käme dann nur das Vorhandensein eines sittlichen Defekts, s. Ziff. 56, für den Richter in Frage.)

64. Fühlbarer wird die Strafe demjenigen werden, auf welchen die Besserungsbestrebungen in der Anstalt mit Erfolg wirkten. Zum physischen Schmerz tritt nun der erweckte psychische Schmerz der Reue über die begangene That, deren Verwerflichkeit nun erst vom Verbrecher voll gewürdigt wird.

Es erscheint hier eine Ausgleichung durch Abkürzung der Strafzeit notwendig.

65. Das Ziffer 45 letzter Absatz Bemerkte gilt vornehmlich für die Freiheitsstrafe, als dem wichtigsten Strafmittel. Der Staat würdigt dieses Strafmittel herab, wenn er dasselbe nur als ein physisches Uebel verhängt (vergl. Ziff. 47), als welches es ausschliesslich erscheint, wenn die Freiheitsstrafe sowohl für die geringfügigsten Polizeiübertretungen als zum Ersatz für die uneinbringliche Geldstrafe verhängt wird.

66. Die Geldstrafe ist an sich keine beschämende Strafe. Sie soll den Verurteilten insofern peinlich berühren, als hierdurch eine Missbilligung seiner That ausgedrückt wird (vergl. Ziff. 46 u. 47).

Sie und die Freiheitsstrafe sind folglich inkommensurable Grössen, so dass eine Umwandlung der einen Strafe in die andere ausgeschlossen ist.

67. Die Wirkung der Geldstrafe auf den Verurteilten kann im Gegensatz zur Freiheitsstrafe (s. Ziff. 62) insofern zuverlässiger gewürdigt werden, als durch die Geldstrafe der Bestrafte um einen Teil seines Vermögens verkürzt wird. Unbestimmbar bleibt sie nur, sofern der eine Bestrafte sich schwerer von diesem Teile seines Vermögens trennt, als der andere, aber das individuelle Motiv hierfür, meistens der Geiz, verdient keine Berücksichtigung.

68. Zur Herbeiführung einer materiell gleichen Wirkung auf die Bestraften ist eine Abstufung der Geldstrafen nach den Vermögens- und Erwerbsverhältnissen notwendig. Die Forderung des Rechtes gebietet diese Abstufung (s. Ziff. 62, Abs. 2).*)

69. Auch die Geldstrafe wird den in höherer sozialer Stellung stehenden Verurteilten empfindlicher treffen, da mit dieser Stellung pekuniäre Opfer bedingende Verpflichtungen verknüpft zu sein pflegen, die dem in untergeordneter sozialer Stellung befindlichen Verurteilten nicht obliegen. Die grössere Verschuldung des ersteren wird also auch hier, gleichwie bei der Gefängnisstrafe (s. Ziff. 63), ihren Ausgleich gefunden haben.

70. In der Beitreibung der freiwillig nicht entrichteten Geldstrafe ist die Anwendung des äussersten Zwangs dann gestattet, wenn die Geldstrafe nach der finanziellen Leistungsfähigkeit bemessen wird. Selbst der Vermögenslose, welcher nur von seiner Hände Arbeit lebt, kann sich über Härte nicht

---

*) Nur muss die Abschätzung der Vermögens- und Erwerbsverhältnisse richtig vorgenommen werden, hier nicht die Willkür schalten. Verwerflich ist deshalb, der Abstufung die Steuerlast des Angeklagten zu Grunde zu legen.

Die Abstufung, von einem Einheitssatz für Personen von bescheidenem Vermögen oder mittlerem Einkommen ausgehend, und nach oben in einem Vielfachen, nach unten in einem Bruchteile des Einheitssatzes sich bewegend, wäre gesetzlich festzulegen.

Nicht dem Richter würde aufzugeben sein, die Vermögens- und Erwerbsverhältnisse der Angeklagten zu prüfen und festzustellen. Er hätte die Geldstrafe immer einfach (nach dem Einheitssatze) auszusprechen.

Nach erlangter Rechtskraft dürfte die Steuerbehörde die Stufenskala festzusetzen haben und gegen deren Beschluss die Beschwerde an die Verwaltungsbehörden (Verwaltungsgerichte) zuzulassen sein.

Für diese Feststellung können die Steuerlisten und die sonstigen über die Einkommens- und Erwerbsverhältnisse Aufschluss gebenden amtlichen Listen und Nachweisungen benützt werden, es müsste jedoch dem Bestraften der Nachweis, dass seine Verhältnisse anders gelagert seien, als wie sie sich nach diesen Urkunden darstellen, offen gehalten werden.

beklagen, da ihm durch die an Stelle der Geldstrafe tretenden anderen Strafmittel gleichfalls ein Teil seines Arbeitsverdienstes entzogen werden würde.

Es soll demnach die Beitreibung der Geldstrafen (nicht aber die der Gerichtskosten) nicht an die für sonstige Zwangsvollstreckungen geltenden Normen gebunden sein. Insbesondere muss die Zulässigkeit der Lohnbeschlagnahme (mit ratenweisem Abzug) fast ausnahmslos gestattet sein.

71. Die nicht beitreibbaren Geldstrafen haben die Verurteilten im Tagelohn zu verdienen.

Der Staat weist diesen Personen eine dem Geldwert der Strafe adäquate Arbeit an.*)

72. Wo auch der Arbeitszwang nicht durchgeführt werden kann, ist die Geldstrafe niederzuschlagen. Sollte deshalb der Bestrafte geneigt sein, dieselbe strafbare Handlung wieder zu begehen, so wäre die beschämende Gefängnisstrafe gerechtfertigt.

73. Nicht jede Geldstrafe eignet sich zur Abstufung. Insbesondere werden für Polizeivorschriften, die aus pekuniärem Interesse nicht befolgt werden, Geldstrafen ohne Abstufung zu verhängen sein. Ebenso bei Verfehlungen gegen die Steuer- und Stempelgesetze. Die Strafe wäre unter Berücksichtigung der erlangten oder erstrebten Vorteile festzusetzen.

Andererseits wird bei vielen Unaufmerksamkeitsdelikten,

---

*) Stichhaltige Bedenken gegen die Arbeitsleistung können nicht erhoben werden, wenn in Betracht gezogen wird, dass eine scharfe Beitreibung der Geldstrafen nur in wenigen Fällen fruchtlos bleiben wird, zumal die meisten Bestraften selbst Sorge tragen werden, die Geldstrafe zu tilgen, um der lästigeren Arbeitsverpflichtung zu entgehen. Da ferner die Geldstrafen der in Frage kommenden Personen nur geringe sind (gegen die in die Skala des Vielfachen eingereihten Verurteilten muss die Zwangsbeitreibung immer von Erfolg sein, eventuell läge eine von Amtswegen zu berichtigende irrtümliche Feststellung oder eine zu berücksichtigende Verschlimmerung der finanziellen Leistungsfähigkeit vor), so kann das anzuweisende gesamte Quantum der Strafarbeit nicht beträchtlich sein, der Staat also geeignete Arbeit unschwer nachweisen.

wie überhaupt bei solchen Delikten, wo das Verschulden ein nahezu verzeihliches ist, zwar die Abstufung nach unten, nicht aber auch nach oben gerechtfertigt sein.

74. Die Verbindung einer Geld- mit einer Gefängnisstrafe ist an sich unzulässig (vergl. Ziff. 66).

Es sind jedoch, gleich wie bei Körperverletzungen eine Geldbusse an den Verletzten, so bei Eigentumsverbrechen Geldbussen quasi als Beseitigung der widerrechtlichen Bereicherung, insofern und insoweit dieselbe nicht durch Ersatzansprüche der Beschädigten herbeigeführt werden kann (Lebensmittelverfälschung, gewerbsmässiges Hazardspielen, Wucher, viele Betrugsfälle) berechtigt.

Eine solche Verpflichtung vermag insbesondere für den Habgierigen ein abschreckendes Motiv zu bilden.

Eine Umwandlung der Geldbussen in Gefängnis oder Strafarbeit findet nicht statt.

75. Die blosse Strafe des Verweises wird entbehrlich, falls einerseits die Geldstrafe nach der Leistungsfähigkeit des Bestraften abgestuft, andererseits die staatliche Bestrafung von Kindern unterlassen wird (s. Teil III Abschn. 2).

C. Das Strafmass.

76. Wie in Abschnitt III meiner Abhandlung über Abschaffung des Strafmasses näher ausgeführt, soll die subjektive Schuld des Thäters volle Würdigung erfahren.

Diese Würdigung erfolgt durch die Feststellung, ob und in welchem Grade der Thäter unmoralisch gehandelt hat.

Durch diese Feststellung findet die Schwere der geschehenen Rechtsverletzung entsprechende Beachtung. Die moralische Verschuldung ist z. B. bei den gleichen Motiven der That eine schwerere, wenn der Thäter den anderen mit dem Messer angriff, als mit der blossen Faust; wenn er innerhalb des Hofes, dessen Zaun er überstieg, stahl, als ausserhalb desselben; wenn er den Abwehrversuchen der zu notzüchtenden Person nachgab, als wenn er trotz derselben sein Vorhaben zur Ausführung brachte.

77. Wie Ziffer 24 bemerkt, wird der Staat die blossen Gesinnungen und auch viele geringfügige unmoralische Handlungen nicht strafen. Er billigt dieselben jedoch nicht, sondern überlässt seinen Unterthanen lediglich ein völlig freies Gebiet ihres Waltens und Herrschens, legt ihnen aber auch die volle moralische Verantwortlichkeit hierfür auf.

Jeder Mensch hat die sittliche Verpflichtung, innerhalb des freien Gebietes so zu denken und zu handeln, wie es nach moralischen Gesetzen geboten ist. Wer, dem zuwiderhandelnd, endlich auf der Bahn des Verbrechens anlangt, kann sich nicht damit rechtfertigen, dass er einen unrechten Gebrauch von seiner Freiheit gemacht habe.

Wegen des zur Zeit der Begehung des Verbrechens vorhandenen sittlichen Defektes des Verbrechers wird also die Verschuldung nur dann eine geringere sein, wenn dieser sittliche Defekt ohne Verschulden des Verbrechers, z. B. infolge ererbter Anlagen oder genossener schlechter Erziehung, entstanden ist. Er wird jedoch insofern zur Geltung gelangen, als ohne ihn die abhaltenden Motive gegen die Verübung der That gewichtiger sein würden. Beispiel: Ein Saisonarbeiter mit reichlichem Verdienst kommt seiner sittlichen Verpflichtung, einen Teil seines Verdienstes für die arbeitslose Zeit zurückzulegen, nicht nach, sondern vergeudet das ganze Einkommen. Im Winter gerät er nun in eine grosse Notlage und er wird zum Diebe. Die Verschuldung dieses Mannes ist eine grössere, als desjenigen, welcher stahl, weil er ohne Verschulden in eine Notlage geraten ist, und eine geringere als desjenigen, der ohne Not stahl.

78. Nicht alle psychologischen Vorgänge im Menschen, die ihn schliesslich zum Verbrechen trieben, brauchen daher festgestellt zu werden. Dies wäre eine für Menschen unlösbare Aufgabe, und die Forderung an die menschliche Gerechtigkeit geht nur auf das Menschenmögliche.*)

---

*) Vergl. Hepp, Strafrechtssysteme Bd. II, S. 641:

„Da verbrecherische Entschlüsse und Neigungen nicht gleich dem Unkraut in Einer Nacht aufzuschiessen pflegen, sondern mit unsichtbaren Fäden an den ganzen inneren Menschen und zugleich

Es genügt in der Regel, wenn untersucht wird, aus welchen unmittelbaren Motiven die That begangen worden ist und ob und welche äusseren (d. h. dem Richter erkennbaren) Vorgänge etwa diese Motive entstehen liessen; ferner einschlägigen Falls, ob der Thäter mit einem sittlichen Defekt, verschuldet oder unverschuldet, behaftet sei. (Dass auch in Bezug auf letztere Frage statt einer sicheren Feststellung häufig das richterliche Ermessen die Entscheidung geben wird, braucht nicht hervorgehoben zu werden.)

Die unbestreitbare Thatsache, dass der wahre sittliche Wert einer menschlichen Handlung nicht genau festgestellt werden kann, räumt keinesfalls ein Anrecht darauf ein, von diesem Werte ganz abzusehen und völlig willkürlich, d. h. nach der beliebigen, wechselnden Meinung und Laune des Gesetzgebers und des Richters, über Mitmenschen die schwersten und entehrendsten Strafen zu verhängen.

Dass auf die soziale Stellung des Verbrechers keine Rücksicht zu nehmen ist, ist Ziff. 63 u. 69 dargelegt.

79. Sowie die moralische Verschuldung des Angeklagten nach allen in Frage kommenden Richtungen hin festgestellt ist,*) kann zur Ausmittelung des Strafmasses geschritten werden.

---

an dessen äussere Verhältnisse, Zustände, Erfahrungen und Schicksale gekettet sind: so müsste, zur Ausmittelung des wahren Grades der Verschuldung, der irdische Richter imstande sein, die ganze Kette dieser Verbindungen und Wechselwirkungen vom ersten bis zum letzten Gliede aufzufinden und danach die Grösse der wirklich verdienten Strafe bemessen. Da dies aber weit über die Kräfte und zugleich über die Sphäre des Richters hinausgeht, so muss man sich freilich bei dem Satze beruhigen, dass dem Staate und den Gerichten nicht das Unmögliche, sondern nur das Mögliche auferlegt werden könne. Allein damit ist nicht gesagt, dass man, wie häufig geschieht, diesen Gemeinspruch dazu benützen dürfe, um sich aus demselben einen bequemen Ruhe- und stolzen Paradesitz zu bereiten."

*) Nicht Aufgabe dieser Theorie kann es sein, das ganze weite Gebiet der Zurechnung einer That zur moralischen Schuld vollständig zu beschreiben und zu umgrenzen. Es ist dies die Aufgabe eines Menschenalters, und sie könnte nur gelöst werden, wenn sich Theorie und Praxis ihr völlig hingeben würden.

Auf Gefängnisstrafe soll gegen diejenigen erkannt werden, welche eine beschämende Strafe verdient haben.

80. Das Recht vermag das zulässige Maximum der Strafe nicht zu bestimmen, ebensowenig der Vergeltungsgedanke. Massgebend ist vielmehr die sittliche Anschauung, die zur gegebenen Zeit ein bestimmtes Volk beherrscht. Diese selbst hängt vornehmlich ab von dem Werte, welcher den Strafübeln beigemessen wird (vergl. Ziff. 41). So wird ein für Strafübel weniger empfindliches rohes Zeitalter strengerer Strafen bedürfen, als eine humanere Zeit.

Solange die Todesstrafe gebilligt wird,*) ist, da, wie Ziff. 49 bemerkt, die lebenslängliche Freiheitsstrafe mit der zeitigen nicht verglichen werden kann, dem Höchstmasse der zeitigen Freiheitsstrafe diejenige schwerste Schuld gegenüberzustellen, die nicht ausschliesslich mit Todes- oder lebenslänglicher Freiheitsstrafe bedroht ist.

Abstufend nun von der so gefundenen Schuld bis herab zur geringsten, eine beschämende Strafe verdienenden, Schuld lassen sich eine grosse Anzahl Grade der Verschuldung feststellen. Gleich viele Grade sind von der Höchstdauer bis zur Mindestdauer der Gefängnisstrafe unter Berücksichtigung des Umstandes, dass Freiheitsstrafen mit ihrer längeren Dauer an Uebeln progressiv zunehmen, festzusetzen.

Derselbe Grad der Verschuldung, derselbe Grad der Strafe!**)

81. Das hiernach gewonnene Strafmass gilt für die erstmalige Gesetzesübertretung, für folgende aber nur dann, wenn die vorausgegangenen Strafen keinen Einfluss im Sinne des Abschnitts B. äusserten.

Der Verbrechensrückfall wirkt auf das Strafmass modifizierend, bald die Strafe ermässigend oder gar ausschliessend,

*) Ausnahmsweise dürfte sie für alle Zeiten in dem Ziff. 82 bezeichneten Falle gerechtfertigt sein.

**) Die praktische Ausführung einer solchen Gradeinteilung würde erst nach Erledigung der in der Anmerkung zu Ziff. 79 bezeichneten Aufgabe möglich sein.

bald sie erhöhend, ein. Die grösste Veränderung erleidet die Verschuldung infolge der Rückfälle bei den unverbesserlich gewordenen Gewohnheitsverbrechern.

Ein Verbrecher, welcher durch die Schuld des Staates, durch die Schuld der Gesellschaft zum unverbesserlichen Gewohnheitsverbrecher geworden ist und als solcher die Fähigkeit nicht mehr besitzt, von der Begehung verbrecherischer Handlungen abzulassen, ist mangels einer ihm zuzurechnenden Verschuldung freizusprechen. Der Staat und die Gesellschaft sollen durch seine Verbrechen büssen, was sie an ihm verbrochen haben, oder durch Sicherung gegen ihn (vergl. Ziff. 17 und Teil IV) das beschämende Geständnis ihres Unvermögens beziehungsweise ihrer Unlust, die sozialen Schäden zu heilen, um nach gerechtem Masse richten zu können, ablegen.

Ein Verbrecher dagegen, der trotz aller Bemühungen des Staates und der Gesellschaft, trotz aller (bei der Mehrzahl der Verbrecher wirksamen) Besserungsversuche aus eigener Schuld auf der Verbrecherlaufbahn fortschreitet, erreicht den Gipfel der moralischen Verschuldung, der mit zeitiger Freiheitsstrafe nicht gesühnt werden kann.

82. Der durch eigene Schuld unverbesserlich gewordene Verbrecher ist unschädlich zu machen.

Die Unschädlichmachung besteht

a) in der Todesstrafe;

b) in der lebenslänglichen Freiheitsstrafe.

Die letztere wäre die regelmässige Strafe, indessen die erstere ausnahmsweise einzutreten hätte, wenn der Verbrecher von so gewaltthätigem Charakter ist, dass Leib und Leben der Beamten und Mitgefangenen im Gefängnisse gefährdet sein würde.

Der gegen den Rückfälligen ergehende Spruch „unverbesserlich“, beziehungsweise „unverbesserlich und lebengefährdend“ ist unter der Voraussetzung begründet, dass eine Besserung nicht mehr zu erhoffen ist*) und das letztbegangene

*) Der menschliche Richter, welcher die Schuld nicht bis auf den Grund der Seele des Verbrechers erforschen kann, ist nicht berechtigt, dem Verbrecher die Möglichkeit, durch freies Wirken und

Verbrechen in Verbindung mit dem Vorleben des Verbrechers eine so schwere moralische Verschuldung aufweist, dass sie durch eine zeitige Freiheitsstrafe nicht vergolten werden könnte. (Bei Unverbesserlichkeit in Verübung geringerer unmoralischer Handlungen, wie z. B. bei Personen, die einen Hang zu geringfügigen Diebstählen besitzen, bliebe demnach die Unschädlichmachung ausgeschlossen.)

Gegen erstmalige besserungsfähige Verbrecher sollte auch wegen des schwersten Verbrechens die Todes- oder lebenslängliche Gefängnisstrafe nie erkannt,*) vielmehr der Spruch auf Unschädlichmachung nur abgegeben werden, wenn der Verbrecher eine derartige, durch seine eigene Schuld entstandene Verwilderung des sittlichen Charakters offenbart hat, dass eine Besserung ausgeschlossen erscheint.

83. Für den strafenden Staat kommt das Verbrechen in doppelter Beziehung in Betracht:

a) in Bezug auf den Verletzten;
b) in Bezug auf ihn selbst (als Störung der öffentlichen Ordnung).

84. Insoweit der Staat dem Verletzten die Rache (Selbsthilfe) verbietet, ist es seine Rechtspflicht, ihm auf Verlangen Genugthuung zu verschaffen. Solche kann in leichteren Fällen auch in der blossen Gewährung eines civilrechtlich zu verfolgenden Anspruchs bestehen (vergl. Ziff. 25).

85. In Bezug auf die Störung der öffentlichen Ordnung ist der Staat, der, wie Ziffer 25 gezeigt, unmoralische Handlungen straflos lassen kann, auch zur Ausübung folgender Rechte (weil in majore minus) befugt:

---

thätige Reue seine Schuld zu büssen oder sich mit seinem Gewissen zu versöhnen, abzuschneiden, sowie noch Hoffnung auf seine Besserung besteht.

*) Vergl. Ziff. 80. Wo das Volk gegen den Mörder einen solchen unüberwindlichen Abscheu hegt, dass auch eine erduldete langjährige schwere Gefängnisstrafe und die offene Reue und Besserung des Verbrechers hieran nichts zu ändern vermöchte, lässt sich dieser Gedanke (über dessen Berechtigung s. die vorige Anmerkung) nicht realisieren.

a) unmoralische Handlungen mit einer geringeren Strafe zu bedrohen, als sie nach ihrer Qualifikation verdienen;
b) unter gewissen Voraussetzungen die Verfolgung strafbar erklärter Handlungen auszuschliessen;
c) unter gewissen Voraussetzungen den Vollzug erkannter Strafen auszuschliessen (bedingte Verurteilung) oder die Strafdauer abzukürzen (vorzeitige Entlassung der Gefangenen wegen guter Aufführung im Gegensatz zur vorzeitigen Entlassung wegen eingetretener moralischer Besserung, s. Ziff. 64).

Die Rechtsstrafe heischt in diesen Fällen nur, dass diese Befugnisse gleichmässig und unparteiisch nach gesetzlich bestimmten Normen geübt werden und dass der für die Bestrafung anzuerkennende Rechtssatz, dass der Staat, indem er eine Handlung der Strafe unterwirft, nicht eine andere, gleich oder schlimmer geartete und ebenso gefährliche Handlung unbestraft lasse, in umgekehrter Richtung analoge Anwendung finde.

(Das Begnadigungsrecht des Monarchen kann nur vom Staats-, nicht vom Strafrechte aus gerechtfertigt werden).

86. Der Staat kann vorstehende Befugnisse nur ausüben, unbeschadet des Rechtes des etwa durch die strafbare That Verletzten (Ziff. 84). Sofern der Staat seinerseits auf Bestrafung verzichtet, tritt die Strafverfolgung nur auf Antrag des Verletzten ein. Liegt dieser Antrag vor, so kann der Staat zugleich auch die gegen ihn gerichtete Verletzung ahnden (regelmässiger Fall) oder nur die Verletzung des Antragstellers (in den obigen Fällen b und c).

In den letzteren Fällen ist zu beachten, dass die Genugthuung des Verletzten in der Regel die volle Rechtsstrafe nicht erfordert und auch auf andere Weise als durch Strafe gewährt werden kann.

Die meisten Thatsachen, welche vom staatlichen Gesichtspunkt der Störung der öffentlichen Ordnung aus auf das Strafmass Einfluss haben, sind für den Verletzten irrelevant. So die Zahl und Schwere der vom Verbrecher überwundenen

Hindernisse, seine Rückfälligkeit, die durch den Versuch bewiesene verbrecherische Neigung u. dergl. Der Verletzte schätzt das ihm widerfahrene Uebel mehr objektiv.

III. Besondere Erscheinungsformen staatlichen Interessenschutzes.

1. Die sog. politischen Verbrechen.

87. Politische Verbrechen! Was hat ihnen die civilisierte Menschheit nicht alles zu verdanken: die Erlösung von dem Heidentum, von einer unduldsamen Priesterherrschaft mit ihren Ketzergerichten, von Wahn- und Aberglauben; das Aufhören der Sklaverei, der Leibeigenschaft, der Hörigkeit, des verknöchernden Zunftwesens, der Frondienste und Zehnten; die Befreiung des Volkes von despotischen Zuständen und aus politischer Knechtschaft; kurz das Abwerfen alles dessen, was wir heute als unvereinbar mit civilisierten Zuständen betrachten.*)

In der Civilisation ging es keinen Schritt vorwärts, ohne dass Hindernisse aus dem Wege zu räumen gewesen wären, zu deren grössten die Macht der Gewohnheit am Althergebrachten und die Macht des seine Sonderinteressen verfolgenden Egoismus zählen. Ueber diese gewaltigen Hemmnisse hinweg konnte oft nur nach blutigem Ringen die civilisatorische Aufgabe gelöst werden.

---

*) Lammasch, Das Recht der Auslieferung wegen politischer Verbrechen, S. 3, bemerkt:

„Man versuche es nur einmal, aus der Geschichte irgend eines Volkes alle gelungenen und alle misslungenen politischen Delikte, mögen sie von der Regierung selbst oder von einer Opposition gegen sie ausgegangen sein, hinwegzudenken, und man wird sofort inne werden, dass man damit unzählige ursachliche Faktoren derjenigen Zustände hinweggedacht hätte, welche wir in den heutigen Verhältnissen des betreffenden Staates als die wichtigsten und vielleicht wertvollsten erkennen."

Kann der Fortschritt aber nicht ohne die sog. politischen Verbrechen herbeigeführt werden? Ja doch, wenn lediglich mit geistigen Waffen gefochten wird, und unleugbar sind diesen allein viele Errungenschaften zuzuschreiben. Darauf bleibt der Kampf jedoch nicht beschränkt, wenn der Staat selbst der neuen Idee feindlich gegenübertritt oder den Gegnern dieser seinen mächtigen Beistand leistet. Fast jedes Gesetz, welches dann in dieses Ringen der neuen Idee mit dem bestehenden Zustand eingreift, unterstützt den geistigen Kampf auf der einen Seite mit den physischen Machtmitteln des Staates oder sucht gar durch die letzteren den geistigen Kampf zu ersticken.

Aber auch die Streiter für die neue Idee können der Anwendung physischer Kräfte oft nicht entbehren. Was nützte es ihnen, wenn sie die Mehrheit des Volkes für ihre Sache gewonnen hätten, falls nach dem Staatsrechte diese Mehrheit ohnmächtig ist, ihren Willen im Staate legal durchzusetzen?

Nach v. Ihering ist das Recht die Politik der Gewalt. Die Wahrheit dieses Ausspruchs zeigt sich besonders in politischen Fragen.

Erscheinen die bestehenden Gesetze ausreichend, um die Verwirklichung der Idee auszuschliessen, so fussen sich die Gegner auf diese Gesetze, und die Reformfreunde müssen, wollen sie etwas erreichen, diese Gesetze brechen.

Können sich letztere dagegen der Hoffnung hingeben, die neue Idee in legaler Weise zu realisieren, so ändern die Gegner noch rechtzeitig, d. h. so lange noch die staatliche Gewalt in ihren Händen ruht, die Gesetze.

Gesetzesbruch dort, wie Gesetzesänderung hier entspringen demselben Motive, durch Anwendung physischer Machtmittel den Sieg zu erringen.

88. Ist in der Regel kein menschlicher Fortschritt ohne Kampf und der Sieg im letzteren nicht ohne Zuhilfenahme physischer Kräfte erreichbar, so können die Streiter für eine neue Idee, auch wenn sie physische Kampfmittel gebrauchen, nicht im Unrechte sein.

Aber ist jede neue Idee auch wirklich ein Fortschritt, geeignet die Civilisation zu heben, das wahre Wohl des Gemeinwesens zu fördern? Ueber diese Frage entscheidet immer nur die Zukunft, nicht die Gegenwart. Jede Idee, die beste, wie die schlechteste, findet ihre Verteidiger wie ihre Widersacher. Der unparteiische Richter zwischen den streitenden Teilen fehlt.

89. Wo kein Unrecht, wo keine Schuld, da auch keine Strafe (vergl. Ziff. 16).

Es heisst den Begriff der Strafe verleugnen, wenn die selbstlosesten Männer, welche in Aufopferung für das Gemeinwesen, oft unter Daransetzung ihrer bürgerlichen Existenz, das Beste ihres Vaterlandes wollen, nach demselben Paragraphen bestraft werden können, wie der ehrlose Schuft, der um Geld sein Vaterland verrät, und wenn dieselben Männer, je nach dem glücklichen oder unglücklichen Ausgang ihres mit dem Mute der Ueberzeugung und durchdrungen von der Wahrheit ihrer idealen Bestrebungen unternommenen Kampfes als Vaterlandsfreunde gepriesen, mit Ehren überhäuft und mit Regierungsgeschäften betraut oder als Feinde des Vaterlandes gleich Verbrechern behandelt, zu entehrender Zuchthaus- oder Todesstrafe verurteilt werden.

90. Es liegt zwar ein Ungehorsam gegen das Gesetz vor, aber gleichwohl wird selten von einer Schuld gesprochen werden können, da der moralischen Pflicht des Gehorsams anderweitige moralische Pflichten, insbesondere die aus dem Gewissen und der politischen Ueberzeugung sich ergebenden, gegenüberstehen (vergl. Ziff. 33).

Wäre die Pflicht des Gehorsams gegen das Gesetz die höchste für den Politiker, so würde die Lebensader der staatlichen Entwickelung unterbunden sein (s. Ziff. 87).

Es sind demnach die aus innerer Ueberzeugung geschehenen politischen Handlungen regelmässig nicht unmoralisch und daher auch nicht strafbar.

91. Der Staat hat zweifellos die Berechtigung, geeignete Mittel zu ergreifen, damit eine von ihm als schädlich erachtete

Idee sich nicht verbreite, Verwirrung im Volke erzeuge und endlich zu Handlungen führe, durch welche die öffentliche Ruhe und Ordnung gestört und seine Institutionen, ja seine Existenz selbst gefährdet werden.

Der Staat ist nicht verpflichtet, Gewehr bei Fuss zuzusehen, bis er gewaltsam angegriffen wird, noch weniger aber, stille zu halten, nachdem über Rede und Agitation hinaus zur That geschritten wird. Der Staat kann handeln müssen, um seine Autorität aufrecht zu erhalten, aber auch zum Schutze seiner Unterthanen, die von ihm erwarten, dass er sie vor Gewaltthätigkeiten, ja vor blossen Beunruhigungen sichere.

92. Als Abwehrmittel, über deren Art und Umfang lediglich politische Zweckmässigkeitsgründe, nicht juristische Erwägungen entscheiden, können alle Machtmittel des Staates mit Ausnahme solcher dienen, durch welche dem politischen Gegner die ihm gebührende Achtung verweigert wird. Denn nach Ziffer 17 kann der Staat seinen Unterthanen auch Uebel zufügen, ohne dass dieselben etwas verschuldet haben. Eine solche Zufügung ist gerechtfertigt, wenn sie im (wahren oder vermeintlichen) Interesse des Gemeinwesens geschieht.

93. Als Abwehrmittel kommen zunächst polizeiliche Massregeln in Betracht.

Es kann jedoch der politische Kampf so heftig und namentlich von der schwächeren Partei so leidenschaftlich geführt werden, dass der Staat kräftigerer Mittel zur Abwehr benötigt.

Als ein solches erscheint die Freiheitsentziehung. Diese ist geeignet, die dem Staate gefährlicherenPersonen auf kürzere oder längere Zeit unschädlich zu machen und die übrigen Parteiangehörigen zur Vorsicht zu warnen.

94. Die Freiheitsentziehung gegen feindliche Politiker ist ein politisches Sicherungsmittel. Für die Frage, ob und auf wie lange die Freiheitsentziehung zu verhängen sei, ist lediglich das Interesse des bedrohten Staates massgebend.

Das Mass der staatlichen Abwehr findet sich in der Politik selbst, und die Geschichte dient ihr als Ratgeberin. Letztere beweist, dass die schwersten Verfolgungen eine gesunde Idee nicht zu unterdrücken vermochten, vielmehr in Verbindung mit dem bewiesenen Heldenmut der Unterdrückten diesen die Sympathie des Volkes verschafften und die neue Idee moralisch und physisch stärkten, statt sie zu schwächen.

95. Wenn der Staat seine Machtmittel im Interesse des Gemeinwesens, aber nicht um gegen ein wirkliches Unrecht einzuschreiten, gebraucht (Ziff. 17 und 92), so ist er moralisch verpflichtet, solche Machtmittel zu wählen und beziehungsweise die Machtmittel so anzuwenden, dass die Massregel nicht als Strafe angesehen werden kann.

Der Staat ist z. B., wenn er es, um seine politischen Gegner abzuschrecken, für nötig hält (obwohl die Geschichte, s. oben, das Gegenteil lehrt), nicht behindert, die Freiheitsentziehung (Sicherungshaft) durch physische Uebel zu verschärfen, aber er würde unmoralisch handeln, wollte er seinen Gegnern eine Missachtung bezeigen, sie gleich den Verbrechern behandeln, Sträflingskleider anlegen, unangemessene körperliche Arbeiten verrichten lassen u. dergl.

Der Staat kann darüber wachen, dass der politische Gefangene keine aufreizenden Schriften in die Oeffentlichkeit bringe, aber er würde eine unmoralische Gesinnung bekunden, wollte er ihn in der Lektüre beschränken oder an litterarischen Arbeiten hindern. Er mag die verfassten Schriften in Verwahrung nehmen, aber er darf sie auf die Dauer der Oeffentlichkeit nicht entziehen, die geistigen Erzeugnisse eines Menschen ohne dessen Willen nicht begraben.

Durch die Freiheitsentziehung dürfen auch die politischen Rechte des Gefangenen nicht beschränkt werden. Er muss sein Wahlrecht wie auch ein Mandat als Volksvertreter ausüben können.

Unzulässig ist ein Haftvollzug, durch welchen der politische Gefangene geistig oder körperlich geschwächt werden würde.

Unzulässig ist ferner jede Art von Ehren- oder Rechtsminderung, insbesondere aber die Ausweisung des Politikers aus seinem Vaterlande.

Unzulässig ist endlich ein Abwehrmittel, welches bei einem Umschwung der politischen Verhältnisse eine Remedur völlig ausschliesst, so die Tötung des politischen Gegners.

96. Die Freiheitsentziehung wäre von politischen Behörden oder Geschwornen auszusprechen, die innerhalb des im Gesetze vorgezeichneten Rahmens nach politischen Erwägungen befinden, also auch von der Verfolgung des Gegners Abstand nehmen könnten. Ebenso könnten sie die gesetzlich zulässige Sicherungshaft nicht eintreten lassen oder die verhängte aufheben, wenn der politische Gegner eine Bürgschaft (durch Ehrenwort, Erbieten zur freiwilligen Auswanderung etc.) für fernere Nichtbegehung politisch verbotener Handlungen leistet.

Dass eine Sicherungshaft jederzeit aufgehoben werden kann und im Falle eines Umschwungs der politischen Verhältnisse aufgehoben werden wird, ist selbstverständlich.

Die Freiheitsentziehung könnte, weil politisches Kampfmittel, zum Gegenstand parlamentarischer Verhandlungen gemacht werden, wie denn der Volksvertretung der weitgehendste Einfluss auf Umfang und Art der Ausübung der politischen Kampfmittel einzuräumen sein würde.

97. Da die politischen Handlungen keine Verbrechen sind, so kann wegen derselben keine Auslieferung erfolgen. Dagegen ist der Aufenthaltsstaat berechtigt, gegen diejenigen, die in seinem Lande die feindseligen Angriffe gegen den ihm befreundeten Staat fortsetzen, sofern dadurch eine Störung dieses Freundschaftsverhältnisses und infolgedessen eine Gefährdung seiner Interessen herbeigeführt werden könnte, seinerseits Sicherungsmittel anzuwenden.

98. Die sogenannten politischen Verbrechen sind Handlungen, die aus einem politischen Motive behufs Erreichung eines politischen Zwecks begangen werden.*)

Handlungen, denen eins dieser Merkmale fehlt, sind keine politischen Verbrechen, auch wenn sie denselben Effekt herbeizuführen imstande sind.

*) Dass meine Begriffsdefinition von denjenigen, die gang und gäbe sind, abweicht, ist aus dem Aufbau meiner Schuldtheorie erklärlich.

Derjenige, der Staatsgeheimnisse verkauft, ist ein gemeiner Verbrecher. Derjenige, der bei einem Aufruhr mitwirkt, aber nicht aus politischer Ueberzeugung, um die Ziele der Führer zu fördern, sondern um seine Zerstörungslust oder durch Raub seine Habgier zu befriedigen, ist ein gemeiner Verbrecher.

Nur eine Handlung, begangen aus der politischen Ueberzeugung, damit das zur Erreichung der Idee Beste zu fördern, schliesst die Strafbarkeit aus, und zwar auch dann, wenn der Thäter zur Förderung seiner Zwecke Handlungen für nötig hielt und beging, die an und für sich gemeine Verbrechen sein würden.

99. Nicht nur das Motiv, sondern auch der Zweck muss ein politischer sein. - Der Thäter muss ferner von der Ueberzeugung der Notwendigkeit seiner Handlung zur Erreichung des Zwecks durchdrungen gewesen sein.

Diejenigen z. B., welche aus politischen Motiven, aber ohne einen politischen Zweck damit erreichen zu wollen, etwa nur, um den Staat und die politischen Gegner ihrer Ruhe zu berauben, Dynamitattentate verüben, laden eine schwere moralische Schuld auf sich und können daher als gemeine Verbrecher abgeurteilt werden.

Deshalb kann bei einem politischen Akte ein Teil der Mitwirkenden sich gemeiner Verbrechen schuldig machen (vergl. Abs. 3 voriger Ziffer).

Die Majestätsbeleidigung im eigentlichen Sinne ist immer ein gemeines Verbrechen, weil durch sie kein politischer Zweck erreicht werden kann. Auch der Republikaner hat keinen Grund, den lebenden Monarchen zu beleidigen; er kann die vermeintlichen Nachteile der monarchischen Regierungsform aus der Geschichte und eventuell aus objektiver Darlegung der Regierungsakte der lebenden Monarchen nachzuweisen versuchen; zu beleidigen hat er hierbei nicht nötig.

Ausser dem Strolche, der, um ins Gefängnis zu kommen, eine Majestätsbeleidigung ausspricht, hat niemand ein Interesse daran, den Monarchen zu beleidigen. Das Anstandsgefühl schreckt schon davon ab. Kommt ein beleidigendes Wort vor, so ist dasselbe mehr aus Unbedacht gefallen (Unaufmerksamkeitsdelikt).

Aber freilich darf der Begriff der Majestätsbeleidigung kein anderer sein, als der der Beleidigungen überhaupt. Wenn dagegen etwa besondere Ehrfurcht gefordert wird, die der Republikaner aus politischer Ueberzeugung nicht erweisen kann, so wird die in Nichtbeobachtung solcher gefundene Majestätsbeleidigung wohl nicht als ein gemeines Verbrechen erachtet werden können.

100. Die schwierigste Frage bildet der Fürstenmord oder, richtiger ausgedrückt, der aus politischen Motiven und zu politischen Zwecken begangene Mord von Fürsten, Ministern und anderen staatsleitenden Personen.

Der Mord ist im allgemeinen aufs schwerste zu verdammen, da ein den Mord zu politischen Zwecken gestattendes Prinzip die Sicherheit aller Fürsten und Staatsmänner bedrohen würde. Und doch können Verhältnisse eintreten, wo dem Mörder kein Abscheu ob seiner That bezeigt wird (vgl. Bluntschli, Deutsches Staats-Wörterbuch Bd. 8 S. 124).

Doch gleichviel! Thatsache ist es, dass derjenige, welcher aus innerster Ueberzeugung zur Erreichung eines politischen Zwecks einen Mord begehen will (und ein nicht in dieser Ueberzeugung und zu diesem Zwecke handelnder Mensch ist ein gemeiner Verbrecher), auch nicht durch die drohenden schwersten Folgen hiervon zurückgeschreckt wird. Er setzt sein Leben selbst als Einsatz. Er klagt nicht über Unrecht, wenn ihm dasselbe genommen wird. Und wenn die Volksanschauung den Kopf des Thäters verlangt, so mag es geschehen.

2. Die jugendlichen Verbrecher.

101. Das Kind bedarf der Erziehung, um für die Rechte und Pflichten, die an den erwachsenen Menschen herantreten, befähigt zu werden.

Die Erziehung wird vorzugsweise von den Eltern geleitet; teilweise und zeitweise wirken auch Schule und Kirche auf dieselbe ein.

Da der Staat das wesentlichste Interesse daran hat, wohlerzogene Staatsbürger zu besitzen, indem nur mit solchen ein staatliches Gemeinwesen bestehen kann, so gebraucht er seine Autorität als oberster Machthaber, um die Erziehung der Kinder zu überwachen und gegen Missstände einzuschreiten.

102. Die Mittel der Erziehung sind mannigfache: Belehrung, Angewöhnung, Aufmunterung, Warnung u. dergl.

Die Züchtigung ist kein eigentliches Erziehungsmittel, sondern Strafe. Diese tritt ein, nachdem jene Mittel vorangegangen und wirkungslos geblieben sind. Gesehen auf unerlaubtes Thun, bezwecken die Mittel der Erziehung, das Kind über das Unerlaubte zu belehren, vor Begehen des Unerlaubten zu warnen; die Züchtigung, um das Kind, weil es belehrt und gewarnt war und trotzdem das Unerlaubte beging, zu bestrafen.

Was für den Erwachsenen die staatliche Strafe, das ist für das Kind die Züchtigung. Strafe und Züchtigung wird verhängt wegen einer schuldhaft begangenen Uebelthat, zugleich aber auch, um weiteren Uebelthaten vorzubeugen. Bestraft und gezüchtigt wird nicht, um den Bestraften zur Erkenntnis des Unrechts zu führen, sondern weil er, das Unrecht kennend, gefehlt hat. Beide Strafen sollen, wenn nötig, den moralischen Sinn stärken und kräftigen. Beide sollen gemäss der Verschuldung physische und psychische Uebel verhängen. Psychische Uebel auch für das Kind, denn schlecht bestellt ist es um die Charakterentwickelung derjenigen Kinder, für die eine Strafe nichts weiter mehr bedeutet, als einen momentanen körperlichen Schmerz.

103. Das Strafrecht, welches sonach der Staat gegen Erwachsene, die Eltern und Erzieher gegen ihre Kinder üben, ist das natürliche der unmittelbaren Gewalthaber gegen ihre Untergebenen.

Der Staat als oberster Gewalthaber kann zweifellos seine mittelbare Macht über die Kinder auch durch Verhängung von Strafen zur Geltung bringen. Abgesehen jedoch von der Frage, ob solche Strafe auch zur Rechtsstrafe gestaltet werden könne, so erscheint sie zweifellos als unzweckmässig.

104. Eine Strafe ist sich nicht selbst Zweck. Durch ihre Androhung und ihren Vollzug sollen Motive gegen die Begehung beziehungsweise wiederholte Begehung von Verbrechen erzeugt werden (s. Ziff. 52 ff.).

Die Androhung staatlicher Strafmittel bleibt nun auf das Kind schon deshalb ohne Eindruck, weil es in der Regel keine Ahnung davon hat, dass seine Uebelthat vom Staate bestraft werden wird. Die Furcht vor einer väterlichen Ohrfeige hält das Kind offenbar besser im Zaum, als jedes Strafgesetzbuch.

Ferner wirkt auch der Vollzug des staatlichen Strafmittels auf das Kind nicht so ein, wie es sein sollte. Geldstrafen zahlt nicht das vermögenslose Kind, sondern dessen Eltern. Es kann nur die Freiheitsstrafe in Betracht kommen. Das Wesen und die Bedeutung derselben ist aber dem Kinde gleich der ganzen vorangegangenen gerichtlichen Prozedur unverständlich. Das Kind wird nur Furcht vor der erstmaligen Verbüssung einer Freiheitsstrafe empfinden, und seine Angehörigen werden es hierüber zu beruhigen suchen und dafür sorgen, dass es die Strafe in Gemeinschaft mit einem älteren Kameraden absitzen kann. Das Kind wird nur selten ein psychisches Uebel in dieser Strafe erblicken.

Der Staat vergeudet auf diese Weise sein wichtigstes Strafmittel, die Freiheitsstrafe, sinnlos und er bewirkt dadurch, dass für den herangewachsenen Menschen, welcher als Kind dieses Strafmittel über sich ergehen lassen musste, dasselbe kaum ein physisches, geschweige denn ein psychisches Uebel mehr zu bedeuten vermag. Das Strafmittel ist in einem Lebensalter des Uebelthäters, wo es eine Wirkung äussern könnte, infolge seines vorzeitigen Gebrauchs schon völlig wertlos geworden.

Der Staat züchtet Verbrecher gross!

105. Auch aus einem anderen Grunde noch ist die staatliche Bestrafung von Kindern verwerflich.

Erfahrungsgemäss ist es vom schlimmsten Einfluss auf die Erziehung des Kindes, wenn die Erziehung der Eltern der der Lehrer zuwiderläuft oder Vater und Mutter verschiedene Erziehungsmethoden anwenden, also wenn die mehreren Machthaber gegen das Kind nicht einheitlich und planmässig vorgehen, sondern gegeneinanderarbeiten, der eine einreisst, was der andere aufgebaut hat.

Noch schlimmer wirkt es auf das Kind, wenn der Wille des Staates sich gegen den Willen der unmittelbaren Machthaber, namentlich der Eltern, geltend macht; wenn Eltern und Kinder vereint sich zur Lüge und List verbinden, um die Polizei zu hintergehen.

Das muss die schlimmste Verwirrung im Kopfe des Kindes anrichten, muss das Kind, ehe es seine Pflichten gegen das Gemeinwesen kennen lernte, zur grundsätzlichen Opposition gegen die staatlichen Anordnungen, zur Negation eines übergeordneten Gemeinwillens erziehen. Gerade in dem Lebensalter von 12 bis 16 Jahren, wo das Ehrgefühl des Kindes gehoben, seine sittliche Bildung zum Abschlusse gebracht werden sollte, wird im Kinde das Ehrgefühl systematisch erstickt.

106. Der Staat, dessen Strafmittel anerkannt wenig akkomodationsfähig und dessen Prozedur und Strafvollstreckung äusserst schwerfällig, umständlich und verzögernd sind, sollte, statt mit seinen für erwachsene Menschen bestimmten Strafmitteln dazwischenzufahren, die Bestrafung aller Unarten der Kinder, auch wenn eine solche Unart zufällig unter den Paragraphen eines Strafgesetzes sich subsumieren lässt, den berufenen Machthabern überlassen, seinerseits aber dafür sorgen, dass die letzteren auch strafen.

107. Die Eltern haben die moralische Pflicht ordentlicher Erziehung und, wenn erforderlich, der entsprechenden Züchtigung ihrer Kinder vornehmlich um dieser selbst willen als eine natürliche Pflicht, dann aber, weil von dieser Erziehung die Qualität der herangewachsenen Kinder als Staatsbürger abhängt, auch als eine gesetzliche Pflicht gegenüber dem Gemeinwesen.

Die absichtliche, wie die fahrlässige Versäumung dieser moralischen Pflicht kann der Staat wie jede andere unmoralische Handlungsweise zur Strafe ziehen.

Fordern die Eltern ihre Kinder absichtlich zu unrechten Handlungen auf oder lassen solche geschehen, so ist ein Delikt wider die Moral i. e. S. gegeben. Andere Pflichtvergessenheiten sind als ein Unaufmerksamkeitsdelikt zu verfolgen.

Dieses ist in der Regel gegeben, wenn das Kind strafbare Handlungen begeht, die es vermöge seines Alters und seiner Verstandesreife bei ordentlicher Erziehung voraussichtlich nicht mehr begangen haben würde.

Es versteht sich von selbst, dass von den Eltern keine bessere Erziehung verlangt werden kann, als sie vermöge ihres Bildungsstandes und ihres Berufs (Eltern, welche beide des Lohnerwerbs wegen den Tag über von Hause abwesend sind, haben den geringsten erziehlichen Einfluss) den Kindern angedeihen lassen können. Nur wenn sie das, was sie hiernach leisten können, pflichtwidrig nicht erfüllen, sind sie strafbar.

Durch eine solche Bestrafung pflichtvergessener Eltern an Geld (event. Arbeitsleistung) wird indirekt für die Züchtigung des Kindes für die begangene Unart (wie für spätere) besser und wirksamer gesorgt, als durch unmittelbares Einschreiten des Staates gegen das Kind.

108. Der Einwand der Eltern, das Kind sei so bösartig, dass sie es nicht in Zucht halten könnten, wäre zu verwerfen; denn ist es so, so erfordert die Pflicht der Eltern, für die Unterstellung des Kindes unter eine schärfere Zucht zu sorgen.

Schreitet der Staat übrigens nur wegen solcher Uebelthaten ein, die das Gemeinwesen ernstlich gefährden oder die Befürchtung solcher Gefährdung für die Zukunft erwecken, wenn eine durch die Uebelthat blossgelegte schlimme Eigenschaft des Kindes nicht ausgerottet würde, und erfolgt die Einschreitung nur auf Antrag der Vormundschaftsbehörde, welche zu ermächtigen wäre, in leichteren Fällen sich mit einer Verwarnung der Eltern zu begnügen, so wird eine ungerechte Bestrafung der Eltern vermieden werden können.

109. Bei fortdauernder oder sehr arger Pflichtvernachlässigung könnte der Richter die Befugnis, dass den Eltern das Erziehungsrecht entzogen werden dürfe, aussprechen.*)

Auch die teilweise Entziehung des Erziehungsrechtes durch die Anordnung des Verweilens der Kinder zu bestimmten Tagesstunden in einer ordentlichen Familie, bei Lehrern, in Kinderbewahranstalten etc. und die Gründung und Förderung von Vereinen zur Durchführung einer solchen Massregel könnte ratsam sein.

110. Was oben vom Einschreiten gegen die Eltern bemerkt wurde, gilt auch in Bezug auf Pflegeeltern und Lehrherren, bei letzteren mit den aus der Natur des Lehrlingsverhältnisses sich ergebenden Einschränkungen.

Bei Pflegeeltern und Lehrherren kann die Anordnung getroffen werden, dass das Kind aus der Pflege beziehungsweise der Lehre zu entfernen sei.

111. Neben dem elterlichen Strafrecht kommt das Strafrecht der Schule in Betracht.

Dieses letztere ist weiter auszubilden und so zu gestalten, dass es insbesondere für die älteren, der elterlichen Zucht mehr und mehr entwachsenen oder ihr überhaupt nicht mehr unterstehenden Kinder (vom Hause abwesende Lehrlinge, Dienstboten, Fabrikarbeiter etc.) die elterliche Zucht einigermassen ersetzen kann.

Die Strafmittel gegen diese älteren Kinder (im Alter bis zu etwa 16 Jahren) sollen mehr psychisches als physisches Uebel sein. Die Weckung und Förderung des Ehrgefühls ist in diesem Alter besonders notwendig, um die Jugend zum

*) Von einer solchen Befugnis wäre nur nach eingehender Erwägung aller thatsächlichen Verhältnisse Gebrauch zu machen.

Namentlich ist nicht unbeachtet zu lassen, dass die unehelich geborenen Kinder häufig als unnütze, lästige Brotesser betrachtet werden, welcher sich die unbemittelten, oft mit Nahrungssorgen kämpfenden Mütter gerne entledigen möchten. Diese Mütter würden, falls der Staat alle vernachlässigten Kinder in Erziehungsanstalten unterbrächte, ihre Kinder absichtlich ohne Erziehung lassen, um die Fürsorge für dieselben los zu werden.

Widerstand gegen die nun an sie herantretenden Versuchungen zu befähigen.

Als Strafmittel ist geeignet, was einerseits das Ehrgefühl nicht herabdrückt (körperliche Züchtigung in diesem Alter daher regelmässig auszuschliessen), andererseits von der Jugend als ein Uebel betrachtet wird, so Schularrest, verschärft durch den Vollzug am freien Sonntagnachmittag, Verbot von Wirtshausbesuch, Verlängerung der Schulpflicht oder Anordnung eines besonderen Unterrichts.

Hinter dem Strafrechte der Schule muss die Autorität der Vormundschaftsbehörde, welche selbst die gedachten Strafmittel verhängen und von der Schule vollstrecken lassen kann, stehen. Diese Autorität erweist sich wirksam in der Androhung der Verwahrung in einer Besserungsanstalt und in dem Ausspruch der Verwahrung in einer Erziehungs- oder Besserungsanstalt.

Letztere Massregel wäre von der Vormundschaftsbehörde ohne richterliche Ermächtigung zu verhängen, wenn das Kind nicht mehr unter der direkten elterlichen Erziehungsgewalt steht, beziehungsweise die Eltern sich weigern, das Kind wieder unter ihre persönliche Gewalt zu stellen.

112. Von einem gewissen Lebensalter ab (etwa vom erreichten 16. Lebensjahre an) erfolgt die gerichtliche Aburteilung auch wegen der früher begangenen Thaten, da nicht mangelnde Zurechnung der That zur Schuld, sondern die Ungeeignetheit der staatlichen Strafmittel der Grund für die Nichtverhängung staatlicher Strafen vor diesem Lebensalter ist.

Gegen die Verfolgung älterer Uebelthaten müsste jedoch eine kurze Verjährungsfrist schützen, wie sie bei Kindern, bei denen die Strafe der That auf dem Fusse folgen soll, angezeigt ist.

113. Der Staat setzt das Alter fest, bis zu welchem die Erziehung Jugendlicher sich allenfalls erstrecken soll, und ermächtigt den Strafrichter, gegen jugendliche Verbrecher selbstständig die Verwahrung in einer Erziehungsanstalt auszusprechen, wenn mangelhafte Erziehung die Verschuldung des Thäters mindert oder ausschliesst.

114. Damit sind aber die Massregeln in Bezug auf die Jugend noch nicht erschöpft.

Abgesehen von polizeilichen Massnahmen, wie insbesondere der Aufsicht auf Pflegeeltern, des Verbots von Hausieren durch Kinder, des Anhaltens von aus der Schule entlassenen Kindern zur Arbeit beziehungsweise zur Erlernung eines Berufs etc., ist Strafe auch gegen alle diejenigen Personen eintreten zu lassen, die doloser oder kulposer Weise Kinder in der Begehung schuldhafter Handlungen fördern oder deren Moral schädigen.

3. Die Vagabunden.

115. Zwischen den Vagabunden und den Eigentumsverbrechern besteht der begriffliche Unterschied, dass beide durch ihr Handeln das zu ihrem Lebensunterhalt Erforderliche von anderen Menschen ohne Gegenleistung erlangen wollen, die ersteren jedoch mit dem Einverständnisse dieser, die letzteren ohne dasselbe.

Der Vagabund ist ein Mensch, der sich, sei es aus Arbeitsscheu, Trunksucht oder einer sittlichen Entartung, gewohnheitsmässig dem Betteln und der Landstreicherei hingiebt.

Vagabundierende Personen, die zugleich Diebstähle und andere Verbrechen verüben, von denen sie sich Vorteile versprechen, zählen im Sinne dieser Abhandlung nicht unter die Vagabunden, sondern unter die gewöhnlichen Verbrecher. Doch wird durch den gelegentlichen Feldfrevel oder durch ein sonstiges geringfügiges Vergehen gegen das Eigentum der Begriff der Vagabondage nicht aufgehoben.

116. Aus dem Unterscheidungsmerkmal bereits ergiebt sich, dass die Schuld des Vagabunden eine viel geringere ist, als die des Eigentumsverbrechers.

Es kann jedoch der unverbesserliche Vagabund nicht mit dem Ziff. 82 vorletzten Absatz bezeichneten Unverbesserlichen, welcher nur geringere unmoralische Handlungen verübt, in eine Linie gestellt werden, da letzterer nur periodisch das Gesetz übertritt, indessen der erstere aus der Gesetzesübertretung nie herauskommt. Der Vagabund beginnt mit der

Uebertretung des Gesetzes, sowie er aus dem Gefängnisse entlassen ist und setzt sie ununterbrochen bis zur Wiedereinlieferung ins Gefängnis fort.

117. Weil sonach gegen unverbesserliche Vagabunden kurzzeitige Freiheitsstrafen wirkungslos sind, eine lebenslängliche Freiheitsstrafe gleichwie gegen unverbesserliche Verbrecher jedoch zu strenge sein würde, auch darauf Rücksicht zu nehmen ist, dass die Vagabunden meistens nur mit einer Charakterschwäche behaftet sind, deren Folge durch äusseren Zwang (zur Arbeit, zur Entsagung des Alkoholgenusses etc.) beseitigt werden kann, so ist als mildere Strafart die Strafvormundschaft am Platze, bestehend in einem der Freiheit auferlegten Zwang, den nahezu unfühlbar zu machen oder bis zu voller Strafhaft zu verschärfen, allein in der Hand des Vagabunden liegen soll.

118. Die Ausübung der Strafvormundschaft ist Arbeitshausverwaltungen übertragen, die mit für die Sache zu interessierenden Arbeitgebern verschiedenster Branchen im näheren und entfernteren Umkreise in Verbindung stehen.

119. Der Zwang könnte sich etwa in folgender Weise abstufen:

I. Verwahrung im Arbeitshause.

a) Gefangenenbehandlung b) thunlichste Freiheit der Bewegung im Innern der Anstalt c) verbunden mit mässigem Genusse von Bier etc.	bei schwererer oder lästigerer Arbeit oder längerer Arbeitszeit als in der Freiheit.

II. Ausser dem Arbeitshause.

1. Beschäftigung bei einem Arbeitgeber in der nächsten Umgebung

a) mit der Verpflichtung, dessen Wohnung nicht zu verlassen und vom Sonnabend abends bis Montag morgens in die Anstalt zurückzukehren.

Bei Trunksüchtigen Verpflichtung des Arbeitgebers hinsichtlich der Verabreichung geistiger Getränke.

In der Anstalt Behandlung nach Ia, b oder c je nach dem vom Arbeitgeber erteilten Arbeits- und Führungszeugnisse für die vergangene Woche;

b) wie ad a mit Wegfall der Rückkehrverpflichtung in die Anstalt.

Bei Trunksüchtigen Wirtshausverbot; mässiger Biergenuss entweder im Hause des Arbeitgebers oder in der freiwillig aufgesuchten Anstalt;

c) wie ad b, jedoch freier Ausgang und Besuch des Wirtshauses in Begleitung des Arbeitgebers oder eines ordentlichen Arbeiters (nach Genehmigung der Anstalt);

d) Wegfall auch dieser Beschränkung;

2. in der näheren wie ferneren Umgebung

a) von der Anstalt vermittelte Beschäftigung bei einem Arbeitgeber. Freie Bewegung, doch für Trunksüchtige die obige Beschränkung hinsichtlich des Wirtshausbesuches;

b) Wegfall auch dieser Beschränkung;

c) Berechtigung des Bevormundeten, sich seine Beschäftigung selbst zu wählen vorbehaltlich des Widerrufs der Anstalt.

In den vorstehenden Fällen Ablieferung des Lohnes an die Anstaltsverwaltung, Teilzahlung an den Arbeiter nur mit Einwilligung der Verwaltung;

endlich

d) völlig freier Arbeitsvertrag des Arbeiters mit Berechtigung zum Lohnempfang.

Nach Bewährung auf dieser letzten Stufe Entlassung aus der Strafvormundschaft.

120. Es ist sorgfältig auf eine individuelle Behandlung der Bevormundeten zu sehen, insbesondere sind die verschiedenen Formen. in welchen die Vagabondage auftritt, nicht ausser Auge zu lassen (s. Benedikt, die Vagabondage und ihre Behandlung in der Zeitschrift f. d. ges. Strafrechtswissenschaft. Bd. XI. S. 710 ff.). Die oben angegebene Be-

handlungsweise der Vagabunden soll nur ein Bild geben, wie trotz langjähriger oder dauernder Strafe dieselbe gelinder sein könne, als gegenüber Eigentumsverbrechern; keineswegs will die gleiche schablonenmässige Behandlung aller Vagabunden angestrebt werden.

Gegen Vagabunden, welche ohne ihr Verschulden unverbesserlich sind, kann keine Strafe, also auch nicht die Strafvormundschaft verhängt werden (vergl. Ziff. 56 Abs. 2).

121. Fluchtversuche werden häufig vorkommen, dürfen aber keinen Grund bilden, die Vagabunden so strenge als die Eigentumsverbrecher zu behandeln. Es soll kein Vagabund dazu getrieben werden, durch Begehung eines schweren Verbrechens das Arbeitshaus mit dem Gefängnisse zu vertauschen. Vermindert sollen die Fluchtversuche werden durch die Furcht vor Rückversetzungen, aber auch durch individuelle Behandlung der Bevormundeten. So wäre solchen Personen, die das vagabundierende Umherziehen nicht ganz lassen können, (vergl. a. a. O.), zur Belohnung für Fleiss und Folgsamkeit ein Urlaubschein zu erteilen, wenn der Wandertrieb sich unwiderstehlich einfindet.

122. Die ausser der Anstalt beschäftigten Leute haben bei eintretender Arbeitslosigkeit in die Anstalt zurückzukehren und werden daselbst bis zur anderweitigen Arbeitsvermittelung nach I c behandelt, doch nur in dem in der Freiheit üblichen Masse beschäftigt. Die Rückkehrpflicht kann den II 2 c und d Genannten erlassen werden.

Freiwillig werden Rückkehrende aufgenommen, bei welchen sich eine Widerstandsunfähigkeit (l. c. S. 713) einstellt.

Die vorgenannten, wie auch die anderen aussen beschäftigten Personen, welche Sonntags in der Anstalt einkehren, wären mehr als Gäste, denn als Gefangene zu behandeln, wie überhaupt gegen solche, die ihre Pflicht erfüllen, der familiäre Ton vorherrschen soll.

123. Der in den Vagabunden lebende Funke von Ehrgefühl ist sorgfältig zu bewahren. Das Selbstgefühl bei vielen, dass sie ehrlich seien, darf nicht verletzt werden.

Sie dürfen und sollen sich besser dünken als die Eigentumsverbrecher. Deshalb soll auch jeder Vagabund, welcher einen Diebstahl ohne mildernde Umstände begeht, vom Arbeitshause weg- und ins Gefängnis verwiesen werden.*)

124. Der Lohn für inner- wie ausserhalb der Anstalt verrichtete Arbeit ist zu verrechnen. Von den Lohnüberschüssen sind die Beiträge für die Kranken-, wie für die Invaliditäts- und Altersversicherung (die Zöglinge müssen zu allen staatlichen Versicherungen zugelassen sein) zu bestreiten, der Rest aber ist verzinslich anzulegen oder zum Rentenankauf (Rentenbezug von einem gewissen Alter ab) zu verwenden.

Nach eingetretener Erwerbsunfähigkeit oder falls der Bevormundete früher in den Genuss einer ausreichenden Rente gelangt, wird er aus der Strafvormundschaft entlassen.

IV. Resultate und Schlussbemerkungen.

125. „Wer das vollkommene Recht hat (im Gegensatz von einem bloss moralischen Anspruch), von einem anderen zu fordern, dass er gewisse Handlungen gegen ihn unterlasse, hat auch das vollkommene Recht, die Begehung dieser Handlung „willkürlich" zu bedingen, d. h. „was immer für eine" Bestimmung festzusetzen, ohne welche diese Handlung nicht soll geschehen können."

Dieser Ausspruch Feuerbachs könnte von allen Strafrechtstheorieen unterschrieben werden. Denn keine Theorie giebt dem Machthabenden eine bindende Vorschrift, wann und in welchem Masse er strafen dürfe. Entscheidend bleibt zuletzt immer das willkürliche Ermessen des Strafberechtigten, ob er die konkrete Handlung der Strafe unterwerfen und mit welchem Strafquantum er sie belegen wolle.

Es ist verlorene Mühe, dem Strafberechtigten ein in mög-

*) Auch nur unter dieser Voraussetzung lassen sich solide Arbeitgeber für die Sache gewinnen.

lichst verschwommenen, nebelhaften Konturen angegebenes Mass der Strafe als das gerechte zu bezeichnen, wenn man überdies noch demselben Strafberechtigten als Gewalthaber es überlässt, nach seinem Befinden das Dunkel zu lüften, in seinem Interesse das delphische Orakel auszulegen.

Feuerbach wollte durchaus keine völlig schrankenlose Ausübung des Strafrechts, es etwa billigen, dass der grobe Unfug mit Todesstrafe, der Mord mit Geldstrafe bedroht werde. Aber die Berücksichtigung von politischen und anderen Gründen der Notwendigkeit und Zweckmässigkeit, über welche sich kein Staat hinwegsetzen kann, ändert doch an dem Prinzip nichts, dass der Staat auf eine ihm missliebige That eine völlig willkürliche Strafe setzen dürfe.

126. Fraglos können die relativen Strafrechtstheorieen die Rechtsstrafe nicht verwirklichen.

Sie wollen die Rechtsordnung, sei es durch Abschreckung oder Warnung der Verbrecher oder aller zu Verbrechen geneigten Unterthanen oder durch Besserung der Verbrecher, aufrecht erhalten. Sie geben dem Staate die Vollmacht, so weit in der Anwendung seiner Strafen zu gehen, als notwendig ist, den speziellen Zweck zu erreichen. Rücksicht auf die Verschuldung und beziehungsweise auf den Grad derselben braucht der Staat nicht zu nehmen, und gleichgiltig ist es, ob der Staat etwa selbst die Schuld daran trage, dass eine Abschreckung, Warnung oder Besserung und beziehungsweise eine kräftigere Anwendung des Mittels nötig geworden ist. Diese Theorieen, von der mit der Macht notwendig verknüpften Strafbefugnis ausgehend, haben nur das Interesse des Strafenden im Auge (Machtstrafe vergl. Ziff. 18 flg.).

Wer das Strafquantum nur von der Wirkung der Abschreckung oder Warnung abhängig macht, muss zu einem fortwährenden Schwanken zwischen Strenge und Milde kommen. Strenge: denn logischerweise muss ein härteres Uebel abschreckender wirken als ein geringeres. Das Kind, welches durch die Androhung einer Ohrfeige zu ruhigem Verhalten sich bestimmen lässt, wird sicher bei Androhung der sechsfachen

Zahl den verpönten Lärm nicht fortsetzen. Milde: denn es ist anerkannt, selbst von den Anhängern dieser Theorieen (s. z. B. Feuerbach, peinliches Recht, Anm. zu § 18), dass grausame Strafen gerade das Entgegengesetzte der Abschreckung bewirken, weil durch solche die Strafmittel herabgewürdigt werden (vergl. Teil II B). So ist es nach Feuerbach a. a. O. lediglich Sache der gesetzgebenden „Staatsweisheit“ (!), die Frage zu erörtern, welche Strafen zu bestimmen und wie dieselben in der Ausführung einzurichten seien.

Die Besserungstheorie verfällt gleichfalls einem solchen Hin- und Herschwanken in Bestimmung der Strafgrösse, indem in der Regel die wirkliche Besserung des Verbrechers nicht erkannt werden kann (vergl. hierüber Abschn. IV und V meiner Abhandlung gegen die Abschaffung des Strafmasses). Gleichwohl würde die Besserungstheorie (dem Sträfling gegenüber) noch nicht ungerecht sein, wenn ihre weitere Annahme, dass die Strafe eine Wohlthat sei, begründet wäre.

Nun ist es ein Rechtsgrundsatz, dass niemand eine Wohlthat anzunehmen verpflichtet ist. Soll somit der Verbrecher wegen seiner Missethat verbunden sein, eine Wohlthat des Staates über sich ergehen zu lassen, also kein Recht haben, auf diese zu verzichten, so wird die Wohlthat zum Zwange und erscheint als solche als ein Uebel. Dieses Uebel wird um so grösser sein, wenn dem Verbrecher die Wohlthat auch in dem Fall, dass er dieselbe positiv als ein Uebel, nicht als eine Wohlthat empfindet, aufgenötigt und ihm jeder Einwand hiergegen (z. B. der Einwand und der Nachweis des Unverbesserlichen, dass die Nacherziehung bei ihm absolut nichts fruchte) verwehrt wird.

Manche Autoren suchen das willkürliche Ermessen der Gesetzgeber einzuschränken, aber (von ihrem Standpunkt aus) ohne Erfolg.

Welche zwingenden Vorschriften für den Staat können z. B. die Ausführungen Bauers haben, dass die ganze Wirksamkeit der Staatsgewalt innerhalb der Grenzen des Rechts bleiben müsse, dass Gewissenszwang, Glaubensgerichte, Presszwang etc. tiefe Eingriffe in die Rechte der Bürger seien, dass der Staat die drei Mittel der Erziehung, der Polizeianstalten und der Strafe vereinigt und gehörig zu gebrauchen habe und dass es „rechtswidrig“ wäre, wenn er die „pflichtwidrige“ Vernachlässigung des Gebrauchs der beiden anderen Mittel durch desto härtere Strafdrohungen zu ersetzen suchen würde, — wenn derselbe Autor auch die Bedrohung nicht strafwürdiger Handlungen mit Strafe zulässt und den Richter verpflichtet, ein solches Gesetz auszuführen?

Auch die Vertragstheorie lässt willkürliche Strafen zu. Sie kommt überdies erst auf einem Umweg zur Begründung der Strafe, indem diese als Gnade für den Verbrecher, dem sonst die Ausschliessung aus der Vertragsgemeinschaft gedroht hätte, erscheint. Die Wahl, den Ausschluss aus der Gemeinschaft der Strafe vorzuziehen, wird dem Verbrecher benommen. Der Ausgeschlossene wird — von der Polizei getötet!*)

Die Vertheidigungstheorie, das Strafrecht als ein Notrecht darstellend, würdigt die Strafe zu einer blossen Abwehrmassregel herab. Die Strafgrösse darf der Grösse der Gefahr, die dem Ansehen der Gesetze droht, entsprechen. Die Gesetze schafft der Staat, und die Gefahr, die diesen Gesetzen durch ein Verbrechen droht, schätzt gleichfalls der Staat.

Die Vergütungstheorie will in der Hauptsache, gleich den Besserungstheorieen, die Besserung des Verbrechers.

127. Die absoluten Strafrechtstheorieen zielen auf die Rechtsstrafe zwar ab, können sie aber, von falschen Voraussetzungen ausgehend, nicht gewinnen.

Sie verkennen die natürliche Entwickelung der Strafe aus der Rache und die Erzeugung des Rechtes aus der Macht. Infolgedessen mussten sie das Prinzip der Rechtsstrafe in unerwiesenen kategorischen Imperativen, dialektischen Prozessen und ähnlichen Willkürlichkeiten suchen.

Die Folge war, dass diese Theorieen ein brauchbares Straf-

*) Zu welchem Widersinn die Vertragstheorie gelangt, ergiebt sich daraus, dass der aus der Vertragsgemeinschaft freiwillig sich entfernt habende Mörder in dieselbe zurückgebracht und dann unter dem Vorgeben, er bedrohe sie, getötet würde.

mass (man denke nur an die bezüglichen Ausführungen Kants) nicht finden, am wenigsten aber zwingende Vorschriften für den Staat aufstellen konnten, wonach dieser keine andere, als die gerechte Strafe zu verhängen in der Lage wäre. Der Staat, der nach diesen Theorieen verfährt, ist nicht behindert, statt der Rechtsstrafe die willkürliche Strafe zu wählen.

Es wird verkannt die natürliche Entwickelung der Strafe aus der Rache.

In Teil I ist ausgeführt, dass die Rache nicht nur wegen der vorausgegangenen Beleidigung, sondern auch behufs Fernhaltung weiterer Beleidigungen geübt wird und in Bezug auf die letztere Absicht in der Regel geübt werden muss. Das gleiche Bestreben muss, wie Teil I nachgewiesen, die Strafe haben.

Es ist deshalb sowohl verfehlt, in der Strafe nur den in der Zukunft liegenden Nutzen ins Auge zu fassen (relative Theorieen), als es verfehlt ist, die Strafe bloss deshalb zu verhängen, weil ein Verbrechen begangen worden ist (absolute Theorieen).

Verfehlt wäre es aber nicht minder, der Sühne für die vergangene That, wie dem Nutzen aus der Strafe für die Zukunft gleichen Einfluss auf die Bestimmung, ob und wie zu strafen, einzuräumen oder aus Zweckmässigkeitsgründen bald den einen, bald den anderen Zweck der Strafe vorherrschend zu berücksichtigen (gemischte Theorien).

Ein solches Verfahren wäre schon deshalb undurchführbar, weil zwar die Sühne für die vergangene That nach der Schwere der letzteren, nicht aber bemessen werden kann, welches Strafmass notwendig sei, um aus der Strafe einen gewissen Nutzen für die Zukunft zu ziehen. Vielmehr ist der Nutzen für die Zukunft schon herbeigeführt, wenn überhaupt gestraft wird. Ja, er liegt schon vor, wenn auch die konkrete That und beziehungsweise der Thäter nicht ermittelt wird, soferne dem Thäter die Strafbarkeit seiner Handlung und die Macht des Staates, ihn zur Strafe zu ziehen, bekannt ist.

Es genügt hier der Hinweis auf Teil I, wonach bereits das Bewusstsein, dass jede Beleidigung gerächt und beziehungsweise bestraft werde, ein gewichtiges Motiv für den zu Exzessen Geneigten bildet, hiervon abzustehen, dass dagegen die unvergoltene Beleidigung den Beleidiger ermutigt, im Unrecht fortzufahren.

Setzen wir den Fall, ein Beleidigter räche sich durch eine schwere oder nur durch eine leichte körperliche Verwundung des Verletzers. Durch die Racheübung machte der Verletzte dem Beleidiger fühlbar, dass er sich nicht ungestraft beleidigen lasse. Ob dagegen die schwerere oder die leichtere Rache seinen Gegner abhalten wird, ihm je wieder nahe zu treten, das vermag er nicht zu bestimmen. Es könnte die leichte Rache dem Beleidiger vielleicht den Mut nicht benommen haben, im Unrecht fortzufahren, sie könnte aber auch vollkommen genügt haben, indessen die geübte schwere Rache den Beleidiger zur Reaktion hiergegen herausfordert.

In einem ungeordneten Staate oder in bergigen, waldigen Gegenden, die Räubern der Polizei unzugängliche Schlupfwinkel gewähren, werden die angedrohten härtesten Strafen nicht abzuschrecken vermögen, da der Verbrecher auf die Ohnmacht des Staates, ihn zu strafen, rechnet.

In einem polizeilich gut organisierten Staate dagegen wirkt schon das Bewusstsein, dass der Staat strafen werde, lähmend auf die zu Exzessen Geneigten ein, und auch der Gewohnheitsverbrecher wird vorsichtiger sein und manche Gelegenheit zur Verübung eines Verbrechens wegen der drohenden Gefahr des Ertapptwerdens versäumen. Auch hier könnte nicht bestimmt werden, ob schwerere oder geringere Strafen die abschreckendere Wirkung äussern (vergl. vorige Ziffer).

Da der Missethäter nicht voraussehen kann, welche Rache der Verletzte nehmen oder (bei relativ-bestimmten Strafgesetzen) welche Strafe der Richter aussprechen werde, da ferner der Missethäter, an welchem nur eine geringe Rache geübt und bezw. geringe Strafe vollzogen worden ist, hieraus keineswegs den Schluss ziehen kann, dass bei nochmaliger Missethat der Rächer und bezw. Richter wieder ebenso milde verfahren werde, so ergiebt sich des weiteren, dass ein bestimmtes Mass der Rache und der Strafe nicht erforderlich ist, um den gedachten Nutzen aus denselben für die Zukunft zu gewinnen.

Dieser Nutzen liegt folglich schon in der Rache wie in der Strafe, und es kann demnach keineswegs, wie die relativen Theorieen behaupten, auf das Strafmass ankommen. Letzteres bestimmt sich also lediglich nach der der Vergangenheit angehörigen That, und insofern haben die absoluten Theorieen recht.

Indem die letzteren jedoch den Nutzen der Strafe für die Zukunft ignorieren, gelangen sie zu der absoluten Forderung, dass jedes Unrecht bestraft werden müsse und suchen, wiewohl vergeblich, eine Unterscheidung des Zivilunrechts vom Kriminalunrecht durchzuführen. Dass jedes wirkliche Unrecht bestraft werden könne, ist Ziff. 22 flg. nachgewiesen.

Die absoluten Theorieen verkennen ferner die Erzeugung des Rechtes aus der Macht (vergl. Teil I und die nachfolgenden weiteren Ausführungen).

Es ist verfehlt, den Grund des Strafrechts im Rechte selbst, statt in der Macht zu suchen. Denn vom Rechte selbst aus lässt sich, wie noch ausgeführt werden wird, auch die willkürliche Bestrafung, wie die Verhängung von Uebeln ohne vorausgegangene Schuld rechtfertigen.

Die äusserliche Wiedervergeltung, wie sie Kant durchführen will, entspricht der Rechtsstrafe nicht. Wie willkürlich Kant hierbei verfuhr, zeigt seine Ausführung des Vergeltungsgedankens: „Bestiehlst du ihn, so bestiehlst du dich selbst". Wenn der Gesetzgeber aus dem einmaligen, vielleicht in grosser Not begangenen Diebstahl schliessen darf, dass der Thäter das Eigentum aller anderen unsicher mache, sich also selbst der Sicherheit alles möglichen Eigentums beraube; wenn er hieraus folgern darf, dass nun der Verbrecher nichts besitze, aber auch nichts erwerben könne und sich deshalb von anderen ernähren lassen müsse; wenn er weiters schliessen darf, dass gerade der Staat der andere sein müsse, welcher den Verbrecher ernähre und wenn er endlich ohne Angabe eines Rechtsgrundes bestimmen darf, dass der Verbrecher nach einer beliebigen, von ihm für jeden einzelnen Fall verschieden bemessenen Zeit die Erwerbsfähigkeit wiedererlangt habe und folglich aus der Strafsklaverei entlassen werden könne; wenn, sage ich, der Gesetzgeber auf diese Art und Weise seine Strafgesetze begründen darf, dann giebt es in der That keine Strafe, deren Berechtigung er nicht nachzuweisen vermöchte.

Die rechtliche Vergeltungsidee ist undurchführbar. Sie ist untauglich und ungerecht, weil die qualitativ und quantitativ gleiche Zufügung eines Uebels eine Prämierung der heimlich verübten, sowie der selten ruchbar werdenden, ferner der in polizeilich mangelhaft organisierten Staaten verübten Verbrechen wäre. Eine Abhilfe durch Festsetzung eines Vielfachen der Vergeltung für solche Verbrecher wäre rechtlich unstatthaft und in ihrer Wirkung auf die ungeschickteren (meist beim ersten Fehltritt attrapierten) Gelegenheitsverbrecher ungerecht.

Nur wenn die in fast unzähligen Variationen vorkommende moralische Schuld des Verbrechers als Angreifers, als Störers der Rechtsordnung, in die Wagschale geworfen wird, also eine Schuld, für welche der Verbrecher ohne Empfang eines Gegenwertes leisten muss, ist die Durchführung der Vergeltungsidee möglich. Auch nur dann können die Fahrlässigkeitsdelikte richtig gewürdigt werden.*)

Auch die von einem Teil der absoluten Theorieen vertretene moralische Vergeltungsidee kann, bei der oben gekennzeichneten Verkennung der Ableitung des Strafrechts aus der Macht, nicht zur Rechtsstrafe führen.

Hegel stellt nur in vagen Sätzen die Wiedervergeltung auf. Die Gleichheit des Wertes zwischen Verbrechen und Strafe zu finden, überlässt er — dem Verstande! Da nun der Gesetzgeber rücksichtlich der Findung des gleichen Wertes

*) Zwar könnte auch bei der rechtlichen Vergeltung die Störung der Rechtsordnung in Ansatz gebracht werden, ohne Rücksicht auf die moralische Verschuldung aber nur zu einem vorausbestimmten unveränderlichen Anschlage.

mit keinem anderen Verstand ausgerüstet ist, als der Theoretiker, so obläge es doch diesem, als dem in der Sache Unparteiischen, diese Aufgabe zu lösen, statt sie dem Gesetzgeber, als möglicherweise parteiischem, d. h. die einseitigen Interessen des Gemeinwesens verfolgendem Machthaber zu überlassen.

Zachariä, welcher im „Strafgesetzbuch-Entwurf" Seite 6 ausspricht, dass eine an sich strafbare Handlung in dem Grade mehr oder weniger strafbar sei, in welchem sie mehr oder minder unsittlich ist, bewies durch diesen Entwurf zur Evidenz, dass er über eine willkürliche Strafenfestsetzung nicht hinauskommen konnte.

Auch Herbart hat (vergl. seine „Allg. Praktische Philosophie" S. 211) durch die Ausführung:

> „Ein anderer Weg jedoch ist offen, um die Möglichkeit, gestraft zu werden, so weit auszudehnen, dass sie gleich weit reiche, wie das Motiv zu strafen ..... Gefährliche Handlungen ohne böse Absicht werden strafbar, nachdem sie verboten sind von denjenigen, welchen eine frühere Uebereinkunft das Verbieten zugestand. Sie werden in dem Grade strafbar, wie stark sie verboten sind, d. h. in dem Grade der Achtsamkeit, welche rechtlich gefordert wurde"

dem Strafberechtigten die Handhabe geboten, nach Willkür Strafen verhängen zu können.

Wie wir sehen, eignet sich der oben citierte Ausspruch Feuerbach's auch für die absoluten Theorieen. Keine vermag die Strafberechtigung des Staates genau zu umgrenzen, geschweige denn den Staat in diesen gezogenen Grenzen zu halten.

128. Können die absoluten Theorieen zur Rechtsstrafe nicht gelangen, so noch weniger die gemischten Theorieen, über welche schon oben gesprochen wurde. Sie verwickeln sich vielfach in Widersprüche.

Hefft er erklärt in seinem Lehrbuch Ziff. 114 als das rechte Mass der Strafe, wenn auf den Verbrecher nicht empfindlicher und härter eingewirkt wird, als er nach dem Grade seiner Schuld verdient hat und — für das Staatsinteresse nötig ist!

Berner (Lehrbuch 15. Aufl. § 9) lässt das Mass der Vergeltung zwischen einem Maximum und Minimum schwanken, also etwa zwischen der Zahl 1 und 10, und giebt es dem Abschreckungszweck und dem Besserungszweck anheim, das Mass der Strafe genau zu bestimmen, also etwa, wie es der eine oder der andere Zweck erheischt, die Zahl 1 oder 2 oder 9 oder 10 als die verdiente Strafe zu finden.

Köstlin hat § 215 seiner „Neuen Revision" offen eingestanden, dass Gesetz und Richter zu einer ungerechten Bestrafung gelangen können. Er findet Abhilfe — im Akte der Begnadigung!

129. Endlich gelangen auch die Theorieen der neueren Zeit zu keiner Rechtsstrafe.

Gegen viele sind dieselben Einwendungen zu erheben wie gegen die älteren Theorieen.

Bemerkenswert sind aber diejenigen Theorieen, welche nur im Interessenschutz des Staates und der Gesellschaft Grund und Mass der Strafe finden und darüber ganz vergessen, was der einzelne, und sei er auch ein Verbrecher, von der Gesamtheit zu fordern hat.

Auch die Normentheorie Binding's gelangt zu gleichem Ziele, indem nach ihr die Strafe der Ausdruck und das Mass des Interesses sein soll, welches der Staat an der Befolgung der einzelnen Gesetze hat.

Unverhohlen aber erkennt die naturalistische Theorie Lombroso's und seiner Schule die schrankenlose Strafgewalt des Staates an. Da diese Theorie die sittliche und rechtliche Schuld leugnet, so kann nur das nackte Interesse des Staates für Eintritt und Mass der Strafe massgebend sein.

130. So knüpfen die neueren Theorieen direkt wieder an den Ausspruch Feuerbach's an. Es ist die Allmacht des Staates, die hier offen eingestanden wird und welcher die anderen Theorieen nicht zu begegnen wissen.

Von dem Stande unserer Rechtswissenschaft aus wäre es auch ein vergebliches Bemühen, gegen die Unrichtigkeit des gedachten Ausspruchs anzukämpfen.

Dass die berechtigten Forderungen des Staats an seine Unterthanen nicht blosse moralische Ansprüche sein können, sondern ein vollkommenes Recht zur Unterlage haben, wird unbestritten sein.

Es wird sich somit um die zwei Fragen handeln:

a) die Unterlassung welcher Handlungen kann der Staat von seinen Unterthanen fordern oder, allgemeiner ausgedrückt, wie weit erstrecken sich die Ansprüche des ersteren an die letzteren;

b) kann der Staat die Begehung der von ihm verbotenen Handlungen „willkürlich" bedingen.

131. Die Gewalt des Staates über seine Unterthanen ist eine unbeschränkte. Es kann sich somit nur fragen, ob alles das, was er, pochend auf diese Gewalt, anordnet, auch zu Recht bestehe, eine Rechtssatzung sei, wenn er seiner Anordnung diese Bedeutung beigelegt wissen will.

Es muss diese Frage bejaht werden, so sehr es auch widerstreben mag, alle diejenigen Gesetze, die in willkürlicher, einseitiger Weise einer Klasse von Unterthanen zu Gunsten einer anderen die schwersten und drückendsten Verpflichtungen auferlegen oder durch welche die eine Klasse der Ausbeutung der anderen schutzlos preisgegeben wird, als Rechtssatzungen anzuerkennen.

Es ist vielseitig versucht worden, das Recht einzuengen, das Recht, losgelöst von der Macht, auf eigene Füsse zu stellen, aber vergeblich.

Es wurde auf ewige, angeborene, unveräusserliche Menschenrechte hingewiesen. Ihre Existenz aber auch vorausgesetzt, ohne den Willen des Staates können sie nicht zur Entfaltung kommen. Es giebt, wenn ein angeborenes Recht gegenüber dem gesetzlichen geltend gemacht werden will, keinen Dritten, der gegen den Willen des Staates über diesen Anspruch entscheiden und seine Entscheidung zur Geltung bringen könnte.

Möge z. B. noch so schlagend nachgewiesen werden, dass der Staat die Gewissensfreiheit zu achten habe, es war gleichwohl ein Recht, welches in vergangenen Zeiten viele Staaten in den die Ketzerverfolgungen anordnenden oder gutheissenden Gesetzen schufen.

Das Gleiche gilt von allen weiteren Vorschlägen. Es ist gewiss, dass das Recht auf ethischen Grundlagen aufgebaut sein soll, so gewiss es ist, dass nur ein solches Recht zu befriedigen vermag. Aber wenn es nicht geschieht oder in einzelnen Fällen nicht geschieht, sind die ethischer Grundlage entbehrenden Vorschriften keine Rechtssatzungen oder solche geringerer Qualität? v. Ihering bezeichnet das Verhältnis vom Recht zur Gewalt dahin, dass die Gewalt, wenn sie sich mit Einsicht und Selbstüberwindung paare, das Recht gebäre. Aber wenn die Einsicht fehlt oder Selbstüberwindung nicht geübt wird, ist dann der Wille des Gesetzgebers kein Recht?

So drücken diese und noch manch andere Meinungen beachtenswerte Regeln für die Rechtsbildung aus, aber wie diese Regeln zu zwingenden Verhaltungsvorschriften für die Gesetzgeber gemacht werden könnten, vermögen sie nicht zu sagen.

Sofern einzelne Meinungen den in Nichtachtung dieser Regeln erlassenen Gesetzen die Rechtsgiltigkeit absprechen, können sie, wenn sie nicht direkt auf Abhilfe durch Revolution verweisen, nicht darthun, wie der Unterthan dem mächtigen Staat gegenüber mit Erfolg die Anerkennung zu verweigern in der Lage sei. Uebrigens ist der Grundsatz von der Nichtanerkennung solcher Gesetze schon deshalb bedenklich, weil es an einer ordentlichen Instanz zur Entscheidung darüber, ob die Gesetze im Sinne der betreffenden (hier als geltend gedachten) Theorie zu Recht bestehen, fehlen würde, folglich die Entscheidung dem individuellen Ermessen der einzelnen Unterthanen überlassen werden müsste, eine Institution, die notwendig zur Lösung des Gehorsams der Unterthanen gegen den Staat führen würde.

132. So unbefriedigend die Antwort auf die vorige Frage ist, so unbefriedigend ist auch die Antwort auf die weitere

Frage, ob der Staat die Begehung der von ihm verbotenen Handlung „willkürlich" bedingen, d. h. „was immer für eine" Bestimmung festsetzen könne, ohne welche diese Handlung nicht soll geschehen können.

Diese Frage ist zu bejahen. Aus denselben Gründen, aus welchen es dem Staate nicht verwehrt werden kann, irgendetwas Beliebiges als zu Recht bestehend zu erklären, kann es ihm auch nicht verwehrt werden, kraft seiner Macht eine beliebige Folge für die Nichtbeachtung seiner Anordnungen festzusetzen. (Vergl. auch v. Liszt Lehrbuch S. 2 Anmerkung: „dass die an sich schrankenlose, der juristischen Fassung spottende Strafgewalt des Staates" und Binding in der Zeitschrift für Privat- und öffentliches Recht der Gegenwart Bd. IV S. 436: „Formell ist die Kompetenz des Staates, Handlungen zu verbieten und Delikte zur Strafe zu ziehen, unbeschränkt.")

Der Staat kann anordnen, dass ein ohne seine Bewilligung gebautes Haus niedergerissen werden müsse, dass ein Baumeister wegen Untüchtigkeit oder Fahrlässigkeit in seinem Berufe diesen nicht mehr ausüben dürfe; dass ein säumiger Wechselschuldner in Wechselarrest gebracht werden könne; endlich allgemein, dass wegen Verfehlungen gegen seine Anordnungen, gleichviel ob verschuldet oder nicht, der Thäter ein Uebel im Interesse des Gemeinwesens (vergl. Ziff. 17) zu erdulden habe, und dass dieses Uebel in der Tötung oder in der Gefangennahme des Thäters oder in der gänzlichen oder teilweisen Konsfiskation seines Vermögens bestehen solle.

Auf diesem Standpunkte stehen diejenigen Deterministen, welche eine menschliche Schuld völlig in Abrede stellen.*)

133. Die politischen, religiösen und sozialen Verhältnisse, überhaupt die in einem Gemeinwesen wirkenden Faktoren, legen der gezeichneten Willkür des Staates Schranken auf.

---

*) Die Frage der Willensfreiheit will ich hier nicht erörtern. Nach meiner Ansicht kann es keine Strafe ohne Schuld, keine Schuld ohne Freiheit (wenn auch nur beschränkte Freiheit) des Willens geben. Wer die Willensfreiheit gänzlich verneint, muss logischer Weise auch ein Strafrecht verneinen.

Der Staat hat in seinen Unterthanen nicht willenlose Geschöpfe, sondern denkende und fühlende Menschen, die unter Umständen, falls sie sich zu sehr bedrückt fühlen, selbst gegen den Staat revoltieren.

Im Interesse des Staates selbst liegt es daher, wenn die von ihm erlassenen Vorschriften auch die Billigung seiner Unterthanen erhalten. Nur so moralisch gefestigt, können Gesetze auf die Dauer bestehen und Ordnung, Ruhe und Sicherheit im Staate erhalten werden.

Aber diese Schranken, die sich hier der staatlichen Willkür ziehen, sind keine rechtlichen, sondern politische; der Staat muss sie nicht, sondern er soll sie beachten, soll den Bogen nicht zu straff spannen.

Von diesen Schranken wollen wir nun ganz absehen, vielmehr annehmen, dass der Staat im Gemeininteresse seinen Unterthanen die schwersten Uebel auferlegen könne. Schwere Uebel legen die Staaten zur Zeit schon ihren politischen Widersachern in der ungerechten Form der Strafe auf (vergl. Teil III Abschn. 1). Noch schwerere Uebel würde ein von der Willensunfreiheit der Menschen ausgehendes Staatswesen seinen gemeingefährlichen Unterthanen aufzuerlegen haben.

134. So unbeschränkt aber auch ein Staat in der Verhängung von Uebeln schalten darf, er würde gleichwohl mit ihnen nicht auskommen, da sie, ohne Beziehung auf die Schuld der mit Uebeln zu belegenden Personen angewendet, auf die letzteren nur eine physische Wirkung äussern könnten. Wie Ziff. 44 flg. dargelegt, kann jedoch mit physisch wirkenden Uebeln allein dem gemeingefährlichen Treiben nicht gesteuert werden.

Der Staat muss folglich Uebel anzuwenden suchen, die nicht nur physischen, sondern auch psychischen Schmerz zu erwecken vermögen.

Hier aber endet die Macht des Staates. Er kann seinen Unterthanen den grössten physischen Schmerz verursachen, aber nicht den geringsten psychischen Schmerz. Wenn der Staat auch über den politischen Hochverräter die nach seiner Ansicht entehrende Zuchthausstrafe verhängt, sie erzeugt im Hochverräter, der seine That als eine patriotische, die Massregelung des Staates als eine ungerechte ansieht, keinen psychischen Schmerz.

Es muss, damit ein Uebel auch psychischen Schmerz erzeuge, ein Moment dazu kommen, das ganz unabhängig von der Macht des Staates ist, das allein in der Person desjenigen zu suchen ist, der ein Uebel erleiden soll. Dieses Moment ist die Schuld, ist das vom Thäter gefühlte Bewusstsein, dass er unrecht gehandelt hat. Nur wenn sich der Thäter im Unrechte fühlt, wird ihm das wegen seiner Handlung auferlegte Uebel auch einen psychischen Schmerz bereiten können (vergl. Ziff. 46).

135. Die Zurechenbarkeit der Handlung zur Schuld macht das wegen dieser Handlung verhängte Uebel zur Strafe.

Die Strafe ist ein Mittel für den Staat, das er nicht entbehren kann, das ihm aber nicht jederzeit, wie alle anderen Mittel, auf sein blosses Machtwort hin zu Gebote steht.

Die Schuld rechtfertigt die Strafe; sie rechtfertigt jedoch nicht jedes beliebige Mass der Strafe.

Wie ein ohne Schuld verhängtes Uebel keinen psychischen Schmerz bereiten kann, so auch nicht ein bestimmtes Strafübel den von ihm erhofften psychischen Schmerz, wenn es der Thäter nicht als seiner Schuld angemessen zu erachten vermag. Wer wegen Singens auf dem Nachhausewege vom Wirtshause mit Haft bestraft wird, kann unmöglich die Freiheitsstrafe als eine beschämende Strafe betrachten. Die Todesstrafe wegen geringfügigen Diebstahls im Mittelalter entbehrte der psychischen Wirkung; das Volk fühlte Mitleid mit dem armen Sünder und gab seiner Anschauung durch das Sprichwort drastischen Ausdruck: „Die kleinen Diebe hängt man, die grossen lässt man laufen."

Will demnach der Staat das unentbehrlichste aller zu seinem Gebrauche bereitstehenden Uebel, das Strafübel, in seiner Wirkung nicht beeinträchtigen, so ist es zur Anwendung eines beliebigen Strafübels nicht hinreichend, dass der zu Bestrafende nur überhaupt etwas verschuldet hat.

136. Die Schwere des Strafübels muss vielmehr nach der Tiefe der Verschuldung bemessen werden.

Denn wie der Schuld die Strafe, so kann auch nur der grösseren Schuld die grössere Strafe gegenübergestellt werden.

Wie der Staat ungerecht handelt, wenn er ein ohne inmitte liegende Verschuldung verhängtes Uebel als Strafe bezeichnet, so auch ungerecht, wenn er die der Strafe zu Grunde liegende Schuld zwar ihrem Wesen, nicht aber ihrem Umfange nach anerkennen würde.

Da am Schuldbegriffe die Macht des Staates sich bricht, so ist letzterer weder berechtigt, diesem Begriff, der, wie aus dem Gesagten schon ersichtlich, nur die moralische Schuld zum Inhalt haben kann, einen anderen Begriff zu substituieren, etwa aus seiner Macht heraus eine rechtliche Schuld zu entwickeln, die im Gegensatz zur moralischen stehen könnte (die Unhaltbarkeit eines solchen Schuldbegriffs ergiebt sich daraus, dass Uebel nur dann einen psychischen Schmerz auf die Unterthanen äussern können, wenn diese selbst, nicht etwa schon, wenn der Staat ihr Unrecht einsieht), noch ist er berechtigt, dem anerkannten Schuldbegriff nur unvollständig Rechnung zu tragen

Im ersteren Fall fälscht der Staat den Schuldbegriff, beziehungsweise giebt ein verhängtes Uebel fälschlich als Strafübel aus, im letzteren Fall missbraucht er das ihm durch die Schuld vermittelte Strafrecht zu willkürlichen Strafen.

Die Vergeltung für sein Unrecht erleidet aber der Staat durch seine eigene Handlungsweise selbst, indem letztere eine grössere oder geringere Unbrauchbarkeit seines wichtigsten Machtmittels herbeiführt.

Unter Hinweis auf die näheren Ausführungen in Teil II ist zu rekapitulieren, dass die Uebel, welche gemäss der Verschuldung des Thäters über ihn verhängt werden, der Rechtsstrafe entfliessen; dass die Uebel, welche zwar wegen einer Verschuldung des Thäters, aber nicht der Schwere dieser entsprechend verhängt werden, der „willkürlichen“ oder Machtstrafe entspringen; endlich, dass ohne Rücksicht auf ein

Verschulden verhängte Uebel nicht die Strafe zur Grundlage haben können.

137. Steht erfahrungsgemäss fest, dass der Staat seine Ordnungen ohne den Gebrauch psychisch wirkender Uebel nicht aufrecht erhalten kann; ist nachgewiesen, dass ihm nur die Rechtstrafe solche Uebel an die Hand giebt; kann endlich die Rechtstrafe nur gemäss der Verschuldung des zu Bestrafenden verhängt werden und ist nicht in Abrede zu stellen, dass die (moralische) Verschuldung in Bezug auf ihr Vorhandensein wie ihren Umfang von dem Machtgebot des Staates unabhängig ist, so ist in dem Schuldmoment ein überaus bedeutsames, ja das einzige Mittel gegeben, den Staat zu zwingen, seine Macht richtig zu gebrauchen, im wahren Sinne des Wortes ein Rechtsstaat zu sein.

Auf diese Weise allein kommen die vorgeschlagenen Einengungen des Rechts, wie sie Ziff. 131 benannt sind, zur Geltung. Denn wenn die Gesetze auf ethischer Grundlage ruhen, dem moralischen Volksbewusstsein entsprechen, so werden Verfehlungen gegen dieselben seltener vorkommen, diese aber in der Regel ziemlich schwer bestraft werden können, da die moralische Verschuldung eine grössere ist, als wenn es sich um Gesetze handelte, die mit der Moral im Widerspruche stehen. So wird, je grösser die Einsicht und Selbstüberwindung ist, mit der der Staat seine Macht gebraucht, um so geringer der Anlass für die Unterthanen sein, die staatlichen Verbote zu übertreten, und zugleich um so schwerer die Verschuldung der Missethäter sich gestalten.

Da die Strafgesetze kein in sich abgeschlossenes Ganze bilden, vielmehr berufen sind, auf allen Gebieten des Rechtes und in allen Verhältnissen und Lagen des sozialen Zusammenlebens der Menschen die dort gezeichneten Grenzen des erlaubten Thuns durch ihre Strafdrohungen vor Ueberschreitung zu sichern, so ist das in der Strafe liegende Schuldmoment für das gesamte Recht und für alle Lebensinteressen von Bedeutung.

Wenn z. B. die Freizügigkeit sehr beschränkt wird, so dass ein Familienvater, welcher keine lohnende Beschäftigung in der Gegend seines Wohnsitzes finden kann, nicht durch Veränderung des letzteren seine pekuniäre Lage zu verbessern vermag, und wenn ferner ein lückenhaftes Armengesetz dieser notleidenden Familie keinen Anspruch auf Unterstützung gewährt, so ist das Verschulden des Familienvaters ein sehr geringes, äussersten Falls überhaupt nicht gegeben, wenn er, um seiner hungernden Familie Brot zu verschaffen, bettelt oder stiehlt.

Wenn im Privatrecht die Hausbesitzer derart begünstigt werden, dass sich ihr Pfandrecht an den Mobilien der Mieter auf die allernotwendigste Habe, also auch auf diejenige erstreckt, die nach dem Civilprozessgesetze der Pfändung nicht unterworfen ist, so kann von einem Verschulden desjenigen mit der Miete rückständigen, zahlungsunfähigen Mieters, der, nach Ablauf des Mietkontraktes ausziehend, das Notwendigste an Betten, Wäsche und dergl. mitnimmt, keine Rede sein.

Wenn die Prozessgesetze den Rechtsweg erschweren, so weist die unerlaubte Selbsthilfe nur auf einen geringeren Grad der Verschuldung.

Wenn der Staat eine geringe Sorge für das Schulwesen trägt, wenn er der Erziehung der Kinder im Elternhause, wenn er insbesondere der Erziehung der Pflege- und Kostkinder keine Sorgfalt zuwendet, wenn er dem moralischen Sittenverderbnis der Kinder (durch Betteln, Hausieren, beschäftigungsloses Herumstreunen nach Entlassung aus der Schule etc.) nicht steuert, so trifft die grössere Schuld ihn, nicht die Kinder, wenn diese sich zu Verbrechern herausbilden.

So müssen die Gesetze und Einrichtungen des Staates vortreffliche sein, damit in jedem Falle, wo Strafeinschreitung behufs Aufrechterhaltung der staatlichen Ordnung und Sicherheit veranlasst erscheint, auch eine Verschuldung vorliegt, die eine wirkungsvolle Strafe zulässt.

Wo dagegen die staatlichen Gesetze und Einrichtungen schlechte sind, da versagt die Rechtsstrafe teilweise oder gänzlich, und da ein solcher Staat des Strafmittels am dringendsten bedarf, so ist er, falls er nicht selbst darüber zu Grunde gehen will, genötigt, seine Gesetze und Einrichtungen zu verbessern.

Das gerechte, d. h. das auf das Schuldmoment aufgebaute Strafrecht ist daher der Regulator für die gesamte Staatsthätigkeit. Es verhindert, dass der Staat beziehungsweise die in denselben herrschenden Faktionen rücksichtslos die Gewalt zur Schaffung von verderblichen Gesetzen und Einrichtungen missbrauchen.

Die Rechtsstrafe untersucht in jedem einzelnen Fall, auf wessen Seite die Schuld sich befindet und welche Schuld den Angeklagten trifft. In der Rechtsstrafe liegt sowohl ein Urteil über die Erfüllung oder Verletzung der Pflichten des Staates gegen den Verbrecher, als des Verbrechers gegen den Staat.

Wenn zu folgendem österreichischen Rechtsfall (s. Gerichtssaal Bd. 38, S. 283):

> „Der Angeklagte hat ein Packet mit 80 fl. Banknoten gefunden und behalten. Die I. Instanz sprach ihn frei, weil zufolge der ortsüblichen Anschauung des Landvolkes (in der Gegend des Wohnorts des Angeklagten) der Fund als Geschenk Gottes betrachtet werde, und der Angeklagte deshalb in einem den bösen Vorsatz ausschliessenden Irrtum sich befunden habe. Der oberste Gerichtshof verwarf diese Entscheidung."

v. Bar bemerkt:

> „Ein Rechtssatz, wonach sich jemand ein gefundenes Packet mit Banknoten ohne weiteres aneignen kann, wäre unerhört, und die Wirksamkeit einer Berufung auf einen derartigen Rechtsirrtum würde die Sicherheit des Eigentums im höchsten Masse beeinträchtigen. Ein Rechtssatz, wie ihn der Angeklagte in dem fraglichen Falle geltend macht, wäre einfach unvernünftig."

so ist ihm zuzugeben, dass durch einen solchen Rechtsirrtum die Sicherheit des Eigentums gefährdet wird, aber die Frage entsteht, wer trägt die Schuld an diesem Rechtsirrtum? Doch nicht der Angeklagte, der in diesem Irrtum aufgewachsen, nie eines Besseren belehrt worden ist. Vielmehr ist der Schuldige der Staat, der durch seine Organe einen solchen, seine Interessen gefährdenden Irrglauben seiner Unterthanen nicht ausrotten liess. Sollen in einem wohlgeordneten Staate mit einer gut geregelten Erziehung durch Kirche, Schule und Elternhaus solche Anschauungen herrschen? Muss also der hier bestrafte Mann mangels eigener Schuld nicht eigentlich für die Unterlassungssünden des Staates und seiner Organe büssen?

Es möge sich v. Bar, es mögen sich alle Juristen in die Lage und Verhältnisse dieses Mannes hineindenken. Würden sie nicht selbst, hätten sie die Erziehung dieses Mannes genossen, wären sie im gleichen Umgangskreise wie dieser aufgewachsen und gleich ihm mit den dort herrschenden Sitten und Anschauungen und nur ausschliesslich mit diesen bekannt geworden, ein gefundenes Geldpacket als ein Geschenk Gottes betrachtet und es behalten haben? Würden sie dann nicht auch eine deswegen über sie verhängte Gefängnisstrafe als ungerecht betrachtet und folglich den Wirkungen, welche diese ausüben soll, keinen Einfluss auf sich vergönnt haben?

Die Bestrafung dieses Mannes konnte nur verderblich wirken. Vor allem war die Strafe nicht geeignet, das betreffende Landvolk von seinem Irrglauben zu kurieren; vielmehr setzte sich in ihm die Anschauung fest, dass der Genosse mit Unrecht bestraft worden sei. Die Justizpflege hat sich in einer bestimmten Gegend wieder einmal verhasst gemacht, die Vorurteile gegen sie vermehrt. Die Folgen werden nicht ausgeblieben sein: stärkeres Misstrauen in die Justizpflege, geringere Autorität ihrer Urteile, vermehrtes Streben, der Polizei entgegenzuarbeiten, der Auffindung der Schuldigen Hindernisse in den Weg zu legen, die Angeklagten selbst aber den Händen der Justiz, sei es auch durch falsche Aussagen (die in dem Verhältnisse mehr und mehr als erlaubt gelten, als das Vorurteil gegen die Gerichte wächst), zu entreissen.

Ein trauriges Facit fürwahr, was eine dem Volke unverständliche Strafe bewirkt.

Etwas Anderes und Besseres würde dagegen erzielt worden sein, wenn der Angeklagte freigesprochen, von dem in der fraglichen Gegend herrschenden Irrglauben aber den kompetenten Verwaltungsbehörden Mitteilung gemacht und durch diese die Beamten und Gemeindevorsteher, die Geistlichen und Lehrer angehalten worden wären, die Gemeindebürger und die heranwachsende Jugend entsprechend zu belehren.

Ein eklatanteres Beispiel noch liefern die letzten Choleratumulte in Russland. Das Volk, von dem Wahne bethört, dass die Aerzte an der Ausbreitung der Cholera die Schuld trügen, beging die unerhörtesten Ausschreitungen. Die Tumultuanten werden zweifellos sehr strenge bestraft, aber wird dadurch etwas genützt werden? Nur die grosse Unwissenheit, in der diese Bevölkerung befangen ist, trägt die Schuld an den Excessen. Diese aber kann nur durch eine bessere Erziehung, nicht durch noch so strenge Strafen beseitigt werden.

138. Es ist eine besondere Erscheinung bei der Strafgewalt des Staates gegen seine Unterthanen und der Eltern gegen ihre Kinder, dass die Strafe von denselben Machthabern verhängt wird, welche vorzugsweise berufen sind, die Erziehung der Kinder und bezw. der heranwachsenden Jugend zu guten Menschen und zu guten Staatsbürgern zu leiten und für die Befriedigung der Lebensbedürfnisse der Untergebenen Fürsorge zu treffen.

Es kann da selbstredend nicht ausbleiben, dass, wenn der Machthaber nur von einseitiger Betrachtung ausgeht, er oft Handlungen der Untergebenen als Vergehen bestraft, deren Begehung ihren eigentlichen Grund nur in seiner eigenen Pflichtvernachlässigung hat. Hiernach ist es möglich, dass ein Verbrecher, dessen Leben in der Kindheit ein elendes, freudloses, im Interesse schmutziger, habsüchtiger Eltern oder Pflegeeltern für den Erwerb, wie den Erwerb durch Betteln, Hausieren, Forst- und Feldfrevel etc. ausgebeutetes war, infolge dessen nicht die Moralität, sondern die Immoralität in ihm geweckt wurde, von seinem 12. Lebensjahre ab zunächst für die auf Antrieb der Eltern und Pflegeeltern, später für die aus eigenem Antrieb begangenen Verbrechen bis zu seinem Tode mit kurzen Intervallen der Freiheit beraubt, während der kurzen Zeiten des Freiheitsgenusses aber vom Staate und der Gesellschaft als Abschaum der Menschheit betrachtet und behandelt wird.

So ist das Dasein vieler Menschen von der Geburt bis zum Tode ein elendes, verachtetes, an welchem diese selbst die Schuld tragen sollen, in Wirklichkeit aber den Machthabern (Eltern und Staat) die alleinige Schuld trifft. Kann jedoch der Staat berechtigt sein (namentlich unter der stolzen Flagge des Hüters und Wahrers der Gerechtigkeit!), die Freiheit und Ehre eines Menschen so ganz und gar zu vernichten, ohne dass diese Vernichtung in der eigenen Verschuldung dieses Menschen seine Rechtfertigung findet?

139. Die Besprechung nachverzeichneter Straffälle soll einigermassen ein Bild geben, wie sich die Rechtsstrafe praktisch gestalten würde.

a) H. wurde wegen unbefugter Ausübung eines öffentlichen Amts nach § 132 St. G. B. bestraft, weil er seinen Sohn in einer geringfügigen Prozesssache vertreten hatte. (Erk. des sächs. Ober-App.-Ger. v. 24. April 1874. Stengleins Zeitschrift 1875 S. 293.)

Die innige Verbindung von Vater und Kind lässt die Vertretung des letzteren durch den ersteren so natürlich erscheinen, dass (ausser dem Gesetzgeber) wohl kein Mensch etwas Anstössiges hierin suchen würde. Eine Verschuldung des Vaters könnte nur im bewussten Ungehorsam gegen das Gesetz zu finden sein, aber auch hier könnte die Vaterpflicht (z. B. bei Verhinderung oder geringer Gewandtheit des Sohnes, seine Prozesssache selbst zu führen) der Gehorsamspflicht vorgehen (vergl. Ziff. 33).

Glaubt der Staat, gegen die natürlichen Bande des Blutes dem Vater verwehren zu sollen, für seinen

Sohn zu handeln, so wird er dies in der Regel nicht durch Strafe, sondern durch eine den Richter bindende Anordnung, den Vater zur Vertretung seines Sohnes nicht zuzulassen, herbeiführen können.

b) Ein strafunmündiger Knabe hatte sich damit vergnügt, das Dach einer Hütte wiederholt in Brand zu setzen und dann das Feuer wieder zu löschen. Sein strafmündiger Genosse ahmte ihm dies nach, es gelang ihm die Inbrandsetzung jedoch nicht. Er wurde wegen Versuchs der Brandstiftung verurteilt; der Revisionsgrund, dass seine Absicht, das Feuer alsbald wieder zu löschen, den Vorsatz der Brandstiftung ausschliesse, wurde verworfen. (Urt. des R.-G. v. 3. Jan. 1889 Entsch. Bd. 18 S. 355.)

Setzen wir den Fall, es hätte sich um die Inbrandsetzung einer in § 306 Ziff. 2 oder 3 bezeichneten Hütte gehandelt und der strafmündige Genosse wäre etwa 13 Jahre alt gewesen.

Nach der Absicht, die diesen leitete, ist seine Handlungsweise moralisch dieselbe, ob er

a) wie geschehen, die Inbrandsetzung erfolglos versuchte;
b) den Brand bewerkstelligte, ihn aber alsbald wieder löschte, gleichviel ob
    aa) sein Genosse das Brennen wahrnahm oder
    bb) nicht.

Das Strafgesetzbuch setzt die Minimalstrafe für den 13jährigen Knaben im Falle a auf einen Tag, im Falle aa auf ein Jahr Gefängnis fest, während es im Falle bb den Knaben straflos lässt.

Die Ungerechtigkeit der verschiedenen Beurteilung ist zu auffallend, als dass ein Wort hierüber verloren zu werden brauchte.

Nicht minder ungerecht ist es aber, den Knaben wegen seines Dummenjungenstreichs für seine ganze

Lebenszeit als Brandstifter zu brandmarken.*) Wie es sich thatsächlich mit dieser Brandstiftung verhält, ersieht aus dem Straflisteneintrag niemand. Der Knabe muss jedoch schwer darunter leiden; ihm können sich einst Aemter und Stellen, ja sogar ein Nachtwächterposten verschliessen; kommt er noch einmal vors Strafgericht, so wird er auf Grund des Straflisteneintrags sein neuerliches Vergehen viel schwerer zu büssen haben und, falls bei einem Zweifel über seine Schuld seine Bescholtenheit oder Unbescholtenheit den Ausschlag giebt, verurteilt werden.

Die Rechtsstrafe würde zu einer gleichen Behandlung in allen drei Fällen führen, und zwar zu einem Freispruch, da sowohl die Immoralität der Handlung als der Ungehorsam gegen das Gesetz verneint werden würde. Aber auch, wenn der Knabe (etwa wegen Unaufmerksamkeit) bestraft würde, so liesse sich aus dem Straflisteneintrag ersehen,**) dass die Handlung nicht unmoralisch war, folglich dem Fortkommen des Bestraften nicht nachteilig sein kann.

Uebrigens würde nach dieser Theorie die kindische Handlungsweise nicht die Gerichte bis hinauf zum Reichsgericht, sondern nur die Eltern oder Erzieher, allenfalls unter Mitwirkung der Vormundschaftsbehörde, beschäftigen.

c) Der Gefangene selbst kann sich durch die Bitte, ihm die Thüre seines Gefängnisses aufzuschliessen (Urt. d. R.-G. v. 29. Novbr. 1880, Entsch. Bd. 3 S. 140), durch die Bitte, der Transporteur möge ihn entweichen lassen (Urt. d. R.-G. v. 13. Nov. 1882, Rechtspr. IV

---

*) Vergl. hierher v. Lammasch im Gerichtssaal Bd. 44 S. 190 und die dort alleg. „Kriminalistischen Abhandlungen" von Merkel.

**) Die Strafliste würde nämlich nicht mehr nach Verbrechen, Vergehen und Uebertretungen gliedern, sondern die Spalten enthalten:

1. Delikte wider die Moral i. e. S.;
2. Ungehorsamkeitsdelikte;
3. Unaufmerksamkeitsdelikte.

S. 812), der Anstiftung zu einer Gefangenenbefreiung schuldig machen.

Es leuchtet ein, dass hier von einem Verschulden keine Rede sein kann. Nur eine hiervon absehende Gesetzgebung kann dazu führen, dass der Gefangene, obgleich das in ihm wurzelnde Streben nach Freiheit prinzipiell anerkannt wird und straflos bleibt, durch die Hinterpforte der Teilnahme oder der Anstiftung zu seiner eigenen Befreiung der Strafe unterworfen werden kann.

d) Johann S. und sein 15jähriger Sohn Mathias wurden eines Forstfrevels für schuldig erklärt, weil sie in bewusstem und gewolltem Zusammenwirken aus dem Walde Stangen im Werte von 9 Mark mittels Säge in der Absicht rechtswidriger Zueignung und zu dem Zweck der Veräusserung in bearbeitetem Zustande hinweggenommen haben und Johann S. zu einer Geldstrafe von 54 Mark, Mathias S. zu einer Geldstrafe von 45 Mark verurteilt und Johann S. für den Frevel seines Sohnes civilverantwortlich haftbar erklärt. (Samml. v. Entsch. d. O.-L.-G. München in Strafs. Bd. VI S. 522).

Lesen wir das Urteil, so vermeinen wir, ein Kompagniegeschäft zweier Verbrecher vor uns zu haben, die aus freiem Entschlusse über die Begehung eines Verbrechens, über die Verwertung der gemachten Beute und über die Teilung des Erlöses sich verständigen.

Wäre es im Urteil nicht angegeben, man käme unmöglich darauf, dass der eine der noch im elterlichen Brote und selbstverständlich auch in der elterlichen Gewalt sich befindliche Sohn des anderen sei, welch letzterer sich höchlichst darüber verwundern würde, wenn sein kaum den Kinderschuhen entwachsener Knabe den Gehorsam verweigern und etwa seine Beihilfe zu der hier in Frage stehenden Handlung von seiner Zustimmung, sowie es das Gericht feststellte, abhängig machen wollte.

Dieses Urteil beweist, wie der Richter das natürliche Verhältnis der unmündigen, unselbständigen Kinder zu ihren Eltern völlig ignorieren muss, um zu einer gesetzlichen Verurteilung des seinem Vater gegenüber willenlosen Kindes zu gelangen.

Bei Zahlungsfähigkeit des Vaters trifft den Sohn in Wirklichkeit keine Strafe, andernfalls — 15 Tage Gefängnis!

Nach dieser Theorie kann nicht der Sohn, jedoch der Vater sowohl für seine eigene Handlung, wie für die Beiziehung seines Sohnes zu einer unerlaubten Handlung bestraft werden.

e) Der geprüfte Bader T. wurde zu einer Frau S. gerufen, weil diese infolge einer starken Blutung aus dem Unterleib ohnmächtig geworden und dem Tode nahe war. T. fand die Frau S. bewusstlos. Die Blutung war schon zum Stillstand gelangt, die Bewusstlosigkeit eine Folge der Entkräftung. T. applizierte der Frau kalte Umschläge auf den Unterleib und träufelte ausserdem mitgebrachte Hoffmannstropfen auf ein Stück Zucker und gab dieses der Frau in den Mund. Er wendete demnach Hoffmannstropfen innerlich, und zwar mit günstigem Erfolge an. Da der Bader auch in Notfällen innere Arzneien nicht verordnen darf, Bestrafung nach § 367 al. 3 und 5 St.-G.-B. und Verordnung hierzu (cit. Samml. 658).

Der Hinweis auf Ziff. 33 genügt, um die Handlungsweise des Baders vom Gesichtspunkte der Verschuldung aus beurteilen zu können. Der Bader, der seiner Menschenpflicht über die ihm staatlich auferlegte Pflicht so weit vergässe, dass er einen Mitmenschen lieber sterben liesse, als ihn durch „innerliche Anwendung“ von Hoffmannstropfen zu retten, würde wohl der allgemeinen Verachtung anheimfallen!

Bestrafung oder die Verachtung der Mitmenschen — diese Wahl kann das Strafgesetz seinen Unterthanen stellen!

f) Zwei Mädchen haben gemeinschaftlich zweimal aus dem umschlossenen Garten eines Gutsbesitzers mittels Einsteigens über den Staketenzaun eine Quantität teils duftender, teils geruchloser Blumen im Wert von jedesmal 30 Pfennigen in der Absicht abgepflückt und weggenommen, um sie in Sträusse zu binden und bei dem jedesmal am anderen Tage stattfindenden Tanzvergnügen zu tragen. (Zeitschr. f. die ges. Strafrechtswiss. Bd. II S. 300.)

Geyer bemerkt hierzu:

„Die beiden Angeklagten mussten darum wegen wiederholten schweren Diebstahls nach § 243 Ziff. 2 verurteilt werden. Aber selbst bei Annahme von mildernden Umständen lässt § 243 keine geringere Strafe als dreimonatliches Gefängnis zu. Hier hat man einmal wieder an einem Fall, der kein „Schulfall“ ist, einen neuen Beleg für die Richtigkeit der Regel: dass der Gesetzgeber auch bei Strafdrohungen gegen qualifizierte, sowie überhaupt gegen schwere Verbrechen sich hüten müsse vor der Festsetzung eines zu hohen Strafminimums. War im obigen Fall nicht Gefängnisstrafe von 3 Tagen viel eher dem Falle angemessen als Freiheitsstrafe von 3 Monaten?“

Nach der Rechtsstrafe würde eine solche Verurteilung unmöglich sein. Gesetzt, der Gesetzgeber drohte für ein Verbrechen eine Minimalstrafe von 3 Monaten an, so würde der Richter, welcher bei der Rechtsstrafe keine höhere Strafe aussprechen darf, als es die Verschuldung zulässt, im vorliegenden Falle trotz gefundener Schuld auf Freisprechung zu erkennen haben.

Der Gesetzgeber wäre bei der Rechtsstrafe genötigt, die Festsetzung eines Strafminimums fallen zu lassen.

g) Die Beibringung von Gift ist mit Zuchthaus bedroht; etwaige Anwendung von Gegengiften schliesst die Bestrafung nicht aus. (Liszt Lehrbuch S. 336; Oppenhoff Note 8 zu § 229.)

Vergleiche hierzu den gleichgelagerten Fall des § 310. In dem einen Falle Zuchthaus, im anderen Falle Straflosigkeit!

Die Rechtsstrafe würde beide Thäter bei ziemlich gleicher Verschuldung mit einer geringeren Strafe belegen, oder wenn die Rechtsstrafe die Vorschrift des § 310 unnötigerweise beibehielte, doch den Abstand zwischen der Beurteilung der einen und der anderen That wesentlich verringern.

h) In Sachsen muss wegen Entwendung einer Blume, einer wertlosen Quantität Futter etc. im Walde die Diebstahls-, unter Umständen die Rückfallsstrafe verhängt werden, die Entwendung von Holz oder Streu im Werte von einer Mark zieht dagegen nur eine Geldstrafe von vier Mark nach sich. (Zeitschr. f. die ges. Strafrechtswiss. Bd. VIII S. 308 mit 284 flg.)

Bei der Rechtsstrafe könnte landesstrafrechtlichen Bestimmungen keine solche Tragweite innewohnen, wie hier angedeutet. Die Bestrafung gemäss der subjektiven Verschuldung würde in den hier gegebenen Fällen immer nur eine geringe sein, und Landesstrafrechte könnten einen Einfluss nur insofern äussern, als sie eine noch geringere Bestrafung oder Straflosigkeit festsetzten (vergl. Ziff. 25).

Vorschriften über den Rückfall, wie die des § 244, wären ausgeschlossen. Der Gesetzgeber kann für Rückfälle zwar das Maximum der Strafe höher setzen, auch die Unschädlichmachung des Verbrechers zulassen, aber nicht auch das Minimum der Strafe hinaufsetzen. Ob der Rückfall eine Erhöhung oder eine Verminderung der Schuld aufweist, würde nach den Ziff. 81 flg. gekennzeichneten Grundsätzen zu beurteilen sein.

i) Zwei Bauern von Sackenbach fuhren über die neuregulierte Fussbank und den 25 cm tiefen Strassengraben auf ihre Aecker, nachdem sie den Graben mit Hölzern ausgefüllt hatten. Die Einwohner von S. waren seit der Neuregulierung der Strasse überhaupt gewohnt, den Fuhrweg auf ihre Aecker über die Fussbank und den Strassengraben zu nehmen, und konnten auf andere Weise auch nicht wohl dahin gelangen, da bei der geringen Tiefe des Grabens Ueberfahrtsbrücken wegen der Behinderung des Wasserablaufes nicht hätten hergestellt werden können.

Bestrafung nach der zu § 366 St.-G.-B. und Art. 90 P. St.-G.-B. erlassenen Polizeivorschrift, weil zum Thatbestand das Bewusstsein der Rechtswidrigkeit nicht erforderlich und auch die Berufung auf ein civilrechtliches Verhältnis (Ersitzung) die Anwendung der Strafvorschriften nicht ausschliessen kann. Die Angeklagten hätten auf den in Art. 14 P. St.-G.-B. bezeichneten Weg Abhilfe suchen, also, wenn sie nicht anders, als wie sie es gethan haben, zu ihren Aeckern gelangen können, bei der zuständigen Behörde die Anlegung einer besonderen Ueberfahrtsbrücke in Anregung bringen können. (Samml. v. Entsch. d. O.-L.-G. München in Strafs. Bd. VI S. 250.)

Welche Abhilfe durch die Beschwerde erreicht werden soll, deutet das Ober-Landesgericht München an: die Anlegung einer besonderen Ueberfahrtsbrücke. Im selben Urteil stellt der Gerichtshof aber fest, dass bei der geringen Tiefe des Strassengrabens Ueberfahrtsbrücken wegen der Behinderung des Wasserablaufes nicht hätten hergestellt werden können!

Nichts kann drastischer den Weg kennzeichnen, den unsere Gesetzgebung und Rechtsprechung wandeln, als dieses Urteil.

Fassen wir die Thatsachen ins Auge:

Gewisse Grundstücke können nicht oder nur mit

wesentlich höherem Kostenaufwand bewirtschaftet werden, wenn die Zufahrt zu ihnen über den Graben einer bestimmten Strasse verwehrt ist. Die Eigentümer können jedoch unbehindert zu ihren Grundstücken gelangen, wenn es ihnen gestattet wird, den Strassengraben mit Hölzern auszufüllen und dann den Weg darüber zu nehmen. Dass durch ein solches Verfahren der Strassengraben beschädigt wird, ist nicht behauptet.

Also im ersten Falle eine namhafte Schädigung der Eigentümer, im zweiten Falle keinerlei Nachteil. Trotzdem wird die erste Alternative gewählt und der Bauer, welcher sich in die Nichtbenutzbarkeit und bezw. halbe Entwertung seiner Grundstücke nicht gutwillig findet, bestraft.

So wird durch Polizeivorschriften der „notleidenden" Landwirtschaft beigesprungen!

Die Rechtsstrafe liesse hier keine Verurteilung der Sackenbacher Bauern zu, würde aber die Verwaltungsbehörden, um sich vor den Gerichten keine Blösse zu geben, veranlassen, bei Erlass polizeilicher Vorschriften alle in Betracht kommenden Verhältnisse zu würdigen.

k) G. kaufte im Jahre 1883 Dynamit, wozu damals polizeiliche Erlaubnis nicht nötig war. Von den Vorschriften des im darauffolgenden Jahre erlassenen Gesetzes gegen den verbrecherischen Gebrauch von Sprengstoffen erlangte er keine Kenntnis, und er holte infolgedessen die durch dieses Gesetz vorgeschriebene Bewilligung zur Innehabung des Dynamits nicht ein. Mindeststrafe 3 Monate Gefängnis. (Urt. des R.-G. v. 17. Januar 1887 Entsch. Bd. 15 S. 158.)

Diese schwere Gefängnisstrafe kann überhaupt nicht als Strafe betrachtet werden, da das Schuldmoment abgeht, sondern nur als eine (überdies zwecklose) Massregel im Sinne der Ziff. 132 flg.

140. Zur Bestrafung solcher Fälle gehören freilich Berufsrichter, von denen v. Ihering (Der Zweck im Recht 1887 Bd. I S. 404) sagt:

> „Es will erst erlernt werden, was den Richter ausmacht: der blinde Gehorsam gegen das Gesetz, das Verschliessen des Auges gegen jedes Ansehen der Person, das Verschliessen des Ohres gegen die Klagen des Armen und Elenden und den Jammer von Weib und Kindern, denen der Richterspruch den Gatten und Vater rauben soll. Nicht den schlechten Menschen gilt es da in sich zu unterdrücken, sondern den guten, und das ist die schwerste Prüfung, welche der Dienst der Gerechtigkeit mit sich bringt .... Nun setze man, um das Mass vollzumachen, noch den Fall, dass das Gesetz, welches der Richter vollziehen soll, mit dessen Rechtsgefühl in schneidendem Kontraste steht, ein Gesetz, welches Todesstrafe erkennt, wo ihm selber wohl gar die Strafwürdigkeit der Handlung fraglich erscheint, und man wird ermessen, was es bedeutet, dem Gesetze Gehorsam zu erweisen."

Gewiss soll der Richter dem Gesetze Gehorsam leisten. Gleichwohl wird man nur eine mit Grauen vermischte Bewunderung der von v. Ihering geschilderten richterlichen Aufgabe entgegenbringen können. Durch die volle Anerkennung des Schuldmomentes würde sich die Aufgabe des Strafrichters wesentlich anders gestalten: er brauchte nicht mehr seinen guten Menschen hinter den Richter zu verstecken; er brauchte nicht mehr (o Ironie der Gerechtigkeit!), seinen eigenen Urteilsspruch als zu hart ansehend, den Bestraften zu veranlassen, ein Begnadigungsgesuch einzureichen. (Gnade, werde du dem schuldlosen Manne gerecht — dem das Recht Ehre und Freiheit schmälert!)

Mit Vorliebe preist die Rechtswissenschaft, dass an die Stelle der früher willkürlich und masslos geübten Rache die von unparteiischen Richtern leidenschaftslos zuerkannte Strafe getreten sei. Die Rechtswissenschaft begeht hier eine kleine

Verwechslung. Mit dem Rächer ist nicht der Richter, der nur ein Vollzugsorgan des Staates ist, sondern der letztere selbst zu vergleichen. Dass aber der Staat gegen diejenigen, welche seine politische oder bürgerliche Ordnung stören, häufig nicht weniger leidenschaftlich und masslos vorgegangen ist, als vor dem Strafrechte der Rächer, das beweist die Weltgeschichte sattsam. (Vergl. auch Zucker im Gerichtssaal Bd. 44, S. 430.)

Wenn man nun daraus, dass diese in dem Streben, den Ruhestörer zu vernichten oder auf lange Zeit unschädlich zu machen, festgesetzten unverhältnismässig strengen Strafgesetze von unparteiischen, leidenschaftslosen Richtern gehandhabt werden, den vorgenannten Vorteil der Strafe vor der Rache finden will, so ist der Irrtum augenfällig. Ebenso müsste der vom Verletzten gefasste Beschluss, sich an demjenigen, der seine Aepfel gestohlen habe, durch dessen Tötung oder körperliche Lähmung zu rächen, dann gerecht genannt werden, wenn er seinen Sohn beauftragte, den Schuldigen zu finden und an ihm die Rache nach seinem Ermessen in der einen oder anderen Weise zu vollziehen.

Die frühere Rache hatte aber einen unschätzbaren Vorteil vor der jetzigen Strafe: die Möglichkeit der menschlichen Beurteilung eines jeden einzelnen Falles.

Jetzt stellt der Gesetzgeber, ohne sich vergegenwärtigen zu können, was alles darin einbezogen werden kann, bestimmte Kategorieen von Verbrechen auf, und der Richter muss, auch wenn in einzelnen Fällen die festgesetzte Minimalstrafe zu hart oder eine Strafe überhaupt nicht angezeigt erscheint, und wenn es augenscheinlich ist, dass der Gesetzgeber an solche Fälle nicht gedacht habe, sich an den vom Gesetzgeber aufgestellten Verbrechensbegriff und innerhalb des festgesetzten Strafrahmens halten.

Keine Strafe ohne Schuld und Bestrafung nur gemäss der Verschuldung! Dieser Fundamentalgrundsatz, der für das Strafrecht gelten sollte, er gilt heute nicht und gilt so lange nicht, als der Strafrichter die Schuld nicht menschlich beurteilen darf.

141. Es wird gegen die vorwürfige Theorie der Einwand erhoben werden, dass ihre Rechtsstrafe unzureichend sei. das Verbrechertum zu bekämpfen.

Es ist dies zuzugeben für Gemeinwesen mit schlechten Gesetzen und verderblichen sozialen Einrichtungen, für Gemeinwesen, welche für die Heranbildung der Jugend und für Aufrechthaltung von Moral und Sitte wenig leistet, kurz für Staaten, die nicht als musterhaft gelten können. Aber hat in solchen Staaten die willkürliche Strafe oder die ohne vorausgehende Verschuldung rechtswidrig verhängte Strafe den Krebsschaden beseitigen können? Die Weltgeschichte sollte darüber doch keinen Zweifel lassen.

Die Strafe ist sehr wirksam, wenn der Kern des Volkes gesund ist; es wird ihr aber nie gelingen, die sittliche Degeneration eines Volkes zu beseitigen. Schwere und ungerechte Strafen können nur zu seiner Verrohung beitragen.

142. Je mehr der Staat für eine geistig und körperlich gesunde Entwickelung der Kinder und für deren Heranbildung zu tüchtigen Staatsbürgern sorgt; je grösser seine Sorge für Fernehaltung verderblicher Einflüsse auf die leicht verführbare Jugend; je besser seine sozialen Einrichtungen und sein Bestreben, die Massenarmut im Lande nicht herrschen zu lassen; je gerechter das Verhältnis der Pflichten gegen das Gemeinwesen zu der Leistungsfähigkeit der einzelnen und je sorgfältiger die Belehrung der Unterthanen über ihre Pflichten; ferner je gewissenhafter das Bestreben der Gesellschaft, namentlich der höheren, in der Pflege aller Tugenden ist, um so grösser erscheint im allgemeinen die Verschuldung derjenigen, welche ein Verbrechen verüben.

Je mehr diese Bestrebungen auf den Verbrecher speziell einwirkten, um so grösser sein Verschulden.

Je wirksamer die Strafen, je vortrefflicher die Gefängnisse, je tüchtiger deren Beamte, je besser die Fürsorge für die entlassenen Gefangenen, je wohlwollender das Entgegenkommen der Gesellschaft, um so grösser im allgemeinen die Verschuldung der Rückfälligen.

Je mehr diese Einflüsse speziell auf den Rückfälligen sich geltend machten, um so strafbarer dessen Rückfall.

Der gut organisierte Staat kann daher mit der Rechtsstrafe sehr wohl auskommen und er hat es nicht nötig, zur Machtstrafe zu greifen oder Uebel fälschlich als Strafe zu verhängen.

Die in einem solchen Staate noch vorhandenen einzelnen Verbrecher, gegen welche keine genügende Strafe ausgesprochen werden könnte, würden kein allzugrosses Unheil stiften, dagegen grossen Nutzen insofern schaffen, als Staat und Gesellschaft fortdauernd an ihre Pflicht zur Verbesserung der sozialen Einrichtungen und Zustände gemahnt werden.

Die Rechtsstrafe ist gleichbedeutend mit Kulturfortschritt, denn sie übt einen unwiderstehlichen Zwang darauf aus, dass alle Missstände im staatlichen Organismus und im Gesellschaftsleben beseitigt werden, und sie rächt jede Vernachlässigung in dieser Beziehung an dem Staate selbst, indem die aus diesem schuldigen Verhalten des Staates entstehenden Folgen nicht mehr, wie bisher, den Unterthanen zur Schuld und Strafe angerechnet werden könnten. Die Rechtsstrafe verhindert den Egoismus im Rechte und adelt die gesamte Gesetzgebung.

143. Die Rechtsstrafe tritt veränderten Lebensbedürfnissen nicht hemmend in den Weg.

Die Strafwürdigkeit einer Handlung steigt, je grösseren Wert der Staat und die Gesellschaft auf ein bestimmtes Rechtsgut legen und je mehr sie die Anreize zur Verletzung dieses Rechtsguts aus dem Wege räumen. Die Verschuldung des Verbrechers aber ist um so grösser, je mehr ihm, als dem im Staate und in der Gesellschaft Lebenden, der Wert des Rechtsguts zum Bewusstsein gekommen ist und je geringeren Anlass er hatte, dieses Rechtsgut anzutasten.

Es ist hiernach ersichtlich, dass die Rechtsstrafe in der Regel auch ohne Gesetzesänderung den Lebensbedürfnissen folgen kann. Wenn z. B. unter demselben Gesetze die Empfindlichkeit der Gesellschaft gegen die Verletzung eines Rechtgutes sich steigert, so kann unter den bemerkten weiteren Voraussetzungen der Verbrecher schwerer bestraft werden, als es einige

Jahre vorher gerechtfertigt gewesen wäre. Wenn ein Anreiz zu einem Verbrechen beseitigt wird, z. B. die Massenarmut in einem gewissen Grenzbezirke gehoben worden ist, so können die dort vorkommenden Schmuggeleien im allgemeinen härter bestraft werden.

144. Da die Rechtsstrafe sonach im innigen Zusammenhange mit allen Erscheinungen des staatlichen und geselligen Lebens steht, so ist es notwendig, dass da, wo die Rechtsstrafe einen Missstand wahrnimmt, diese Thatsache nicht in den Akten vergraben, sondern zur Kenntnis der kompetenten Behörden und des Gesetzgebers gebracht werde.

Da vor den Strafgerichten vorzugsweise diejenigen Vorgänge an das Licht gezerrt werden, welche die krankhaften Auswüchse an dem Staatsorganismus und im gesellschaftlichen Leben, die Sittenfäulnis, den nackten Egoismus, das Unreelle im Handel und Verkehr etc. aufweisen, so würde dem Gesetzgeber und der Verwaltung ein reichhaltiges Material über die öffentlichen Zustände, über neu auftauchende oder im Absterben begriffene Verbrechenformen etc. unterbreitet und damit dem Anerkenntnisse, dass das Verbrechen eine soziale Erscheinung sei, Rechnung getragen werden.

145. Es ist selbstverständlich, dass in den Fällen, wo eine gemeingefährliche That weder dem Thäter, noch auch dem Staate zur Last gelegt werden kann, ersterer ebenfalls straflos bleiben muss. Dagegen ist der Staat berechtigt, sich gegen die Wiederholung solcher Handlungen zu sichern. Diese Sicherung ist z. B. hinsichtlich der gefährlichen Irren, wie der mit einem angeborenen Mangel des moralischen Sinnes (moral insanity) behafteten Personen gerechtfertigt (vergl. Ziff. 56).

146. Es ist im vorstehenden ausschliesslich von dem Strafrechte des Staates gehandelt worden. Es gilt jedoch all das Bemerkte analog für jegliches Strafrecht. Jedes Strafrecht kann die Rechtsstrafe anwenden und soll die Machtstrafe vermeiden.

147. Hinsichtlich der sog. politischen Verbrechen würde erreicht, dass

a) der ehrliche Politiker nicht mehr als Verbrecher behandelt, gleich einem solchen abgestraft werden könnte;
b) die in politisch erregten Zeiten mitunter eingerissene Korruption der Strafgerichte für immer vermieden wäre;
c) der Staat rascher und erfolgreicher gegen die seinen Bestand wirklich gefährdenden Handlungen einschreiten könnte.

148. Es können Bedenken laut werden, dass die politischen Behörden oder Geschworenen zu schroff verfahren werden. Sie dürften jedoch unbegründet sein. In politisch erregten Zeiten haben bekanntlich auch die Gerichte die politischen Verbrechen sehr strenge beurteilt, und sollten politische Behörden noch darüber hinausgehen, so findet sich die Abhilfe in der Kritik, welcher diese Behörden, weil sie nicht unabhängige Gerichte sind, in der Presse, insbesondere aber in der Volksvertretung, ausgesetzt sind. Auch wird die politische Klugheit da oft den politischen Behörden Mässigung gebieten oder dem politischen Ankläger es ratsam erscheinen lassen, gegen weniger hervorragende Politiker keine Anklage zu erheben, wo bisher die Gerichte und die Staatsanwälte es für ihre Pflicht hielten, strenge nach dem Gesetz vorzugehen. Politisch unnütze oder gar schädliche Verfolgungen von politischen Gegnern würden fortan unterbleiben.

Trifft aber auch die einen oder anderen eine längere Freiheitsentziehung, so würde ihnen diese immer noch weniger peinlich berühren, als eine kürzere Gefängnishaft zur Strafe mit der Behandlung als Sträfling. Schon die geistige Beschäftigung, die dem politischen Gefangenen (vergl. Ziff. 95) nicht verwehrt werden darf, würde sein Los erheblich mildern.

Uebrigens unterlag bisher der Staat keinen Schranken in der Bestrafung der sog. politischen Verbrechen, und er konnte, wenn ihm die gerichtlichen Urteile zu milde erschienen, durch Aenderung der Strafgesetze, namentlich durch Hinaufrücken des Strafminimums, eine schwerere Bestrafung erzielen.

Gerichtlicher Schutz gegen das Eingreifen der politischen Gerichte müsste aber allen Unterthanen, die sich an der staatlich bekämpften politischen Bewegung nicht beteiligen, zu teil werden.

149. Ein richtigeres Verhältnis zwischen dem Staate und seinen politischen Gegnern wäre auch für den Fall einer Staatsumwälzung von unschätzbarem Vorteile sowohl für die Anhänger der Regierung, als für die Beamten.

v. Bar in seinem Handbuch des Deutschen Strafrechts I. Bd. S. 232 bemerkt:

> „Man hat gesehen, was die schönsten Theorieen der Menschlichkeit und des Edelmuts in der französischen Revolution mit der Behauptung der Notwendigkeit zu entschuldigen vermochten. Die Notwendigkeit, bemessen lediglich nach den Umständen, liefert die Theorie der Ausnahmegesetze und der Willkür."

Erschiene es da nicht ratsam, humane Anschauungen über die Behandlung der politischen Gegner zu pflegen und als Sitte so tief einwurzeln zu lassen, dass sie auch während der erregten Zeiten einer Revolution nicht unbeachtet blieben, auf dass statt der Unschädlichmachung der Gegner durch die Hinrichtung nur eine solche durch Freiheitsentziehung, die mit dem Umschwung oder mit der Befestigung des politischen Zustandes wieder endigt, verfügt werde?

Solange jedoch die für eine Idee kämpfenden Menschen nicht als Gegner, sondern als Verbrecher behandelt werden, wie sollten sie da, zur Macht gelangt, von einer Pflicht des Rechtes und der Schonung gegenüber ihren wehrlosen Feinden beseelt sein?

150. Auffallend von den Strafrechtstheorieen ist ihr völliges Ausschweigen über die sogenannten politischen Verbrechen. Nicht die Praxis und beziehungsweise die Regierungen, sondern die nach der grossen französischen Revolution erschienenen Theorieen hätten zunächst die Existenz dieser Verbrechen hervorheben und ihre Besonderheiten gegenüber den gemeinen

Verbrechen aufweisen sollen. An den sogenannten politischen Verbrechen lässt sich die Richtigkeit jeder Theorie vorzugsweise prüfen.

Von fast allen Theorieen, sowohl den absoluten, wie den relativen, kann angenommen werden, dass nach ihnen die sogenannten politischen Verbrechen, weil sie sich direkt gegen den Staat richten, seine Verfassung etc. gefährden, mit den schwersten Strafen belegt werden dürfen. Das halbe deutsche Volk in den Jahren 1848 und 1849 würde nach diesen Theorieen zur Hinrichtung oder mindestens zu langjährigen Zuchthausstrafen reif gewesen sein.

Schlimm ist es aber um jede Theorie und jede Gesetzgebung bestellt, nach der gerade in den Zeiten politischen Aufschwungs, in Zeitläufen der idealsten Bestrebungen — die meisten Verbrecher existieren, die Tausende und Hunderttausende, welche sich aus dem Volke an der patriotischen Erhebung beteiligen — Verbrecher sind! Und schlimm ist es für die absoluten Theorieen, wenn sie die Bestrafung der Mehrheit des Volkes, die nach ihnen notwendig eintreten müsste, nur vermeiden können durch einen — Gnadenakt! (Kant).

Druck der Norddeutschen Buchdruckerei, Berlin SW., Wilhelmstr. 32.

Kolibri 360 GmbH
Ferdinand-Jühlke-Straße 7
99095 Erfurt, Deutschland
produktsicherheit@kolibri360.de